공
동체를
찾
아서

Community, Food,
Responsibility

왜 저커버그는 스스로 도축을 하는가
Why Zuckerberg Kills What He Eats

공동체를찾아서 Community, Food, Responsibility

펴낸날 | 2011. 7. 27

지은이 | 이휘영 · 한지윤
펴낸이 | 임후남

디자인 | 애드디자인
출 력 | 아이앤지
인 쇄 | 성광인쇄

펴낸곳 | 생각을담는집
전 화 | 서울시 양천구 목동 917-9 현대 41타워 3903
전 화 | 편집 070-8274-8587 영업 02-2168-3787
팩 스 | 02-2168-3786
전자우편 | mindprinting@hanmail.net

Community, Food, Responsibility
By Lucy Jiyoon Han , Hwi Young Lee

ISBN 978-89-84981-15-4

공동체를 찾아서

Community, Food, Responsibility

왜 저커버그는 스스로 도축을 하는가
Why Zuckerberg Kills What He Eats

By Lucy Jiyoon Han, Hwi Young Lee

글 | 이휘영 · 한지윤

생각을 담는 집

"너 벙어리냐?"

이휘영이 한지윤에게 10년 전 처음 한 말이다. 초등학교에 입학도 하기 전, 같은 동네에 살며 같은 학교에 입학할 아이가 있다고 엄마가 말해줬을 때, 지윤이는 벌써부터 그 아이와 단짝이라도 된 것 같았다. 함께 학교 가고 집이 가까우니까 같이 놀고 숙제할 수 있는 친구가 생긴 것이다. 그런데, 휘영이가 그렇게 말하는 것을 들으니 단짝이 될 것이라는 꿈은 김칫국부터 마신 게 확실했다. 아마 처음 만난 순간이라 부끄러워서 말 한 마디도 못하고 있었고, 제 딴에도 어색하니까 까칠하게 한 마디 툭 내뱉은 게다. 우리의 친구 관계는 거기서부터 시작했다. 어렸을 때부터 친구 사이지만 우리가 그 관계를 토대로 한국과 미국의 공동체로 여행과 봉사를 떠날 생각을 하게 된 것은 갑작스러웠다. 이휘영이 경남 거창에 있는 거창고등학교를 택하고, 한지윤이 미국 서부 캘리포니아에 있는 기숙학교인 Thacher School을 택하면서 도시 생활만 해오던 우리는 두 나라의 농촌 마을에 갑자기 던져지게 되었다. 두 학교는 산과 밭으로 둘러싸인 시골학교지만, 본질적 가르침을 품고 있는 곳이었다.

거창고등학교는 학교 강당에 직업선택의 십계명을 걸어놓고 있다. 왕관이 있는 곳보다는 단두대가 있는 곳으로 가라, 어머니와 아내가 반대하는 곳으로 가라, 승진의 기회가 적은 곳으로 가라는 구절이 거기에 있다.

Thacher School은 신입생 모두에게 말을 한 마리씩 배정하고, 아침 여섯 시에 일어나 말똥을 치우고 먹이를 주는 것으로 일과를 시작하게 한다. 저녁 10시 30분이면 전기를 끊어 모든 신입생이 잠을 자도록 하는 학교였다. 서울이라는 대도시에서 자란 우리는 또 다른 의미의 '우물 안 개구리'들임을 자각하게 되었다.

이러한 경험은 우리의 시각을 바꾸어 놓기 시작했다. 한국과 미국의 공동체에 대하여 관심을 갖게 되었고, 특히 급속한 해체를 경험하고 있는 한국의 농촌 공동체에 애정을 갖게 되었다. 공동체에 대한 관심과 걱정을 넘어 학생의 자세로 정말 공동체에 대해 배워보기로 했다. 이후 3년 동안 시간이 날 때마다, 각자 공동체 회복을 시도하는 지역을 찾아 인터뷰를 하고, 봉사에 참여하며, 사진을 찍었다.

이 책을 출간하면서 우리는 우리의 글과 느낀 점에 대해 아쉬움을 느끼고 한계를 보기도 한다. 그러나 우리는 이런 게 좋다. 풋풋한 글체로 글을 쓰고 아직 사회에 대한 이상적인 마음이 깨지지 않은 우리들이 우리나라뿐만 아니라 현재 세계 각지가 공동체의 와해 문제에 봉착해있다는 것에 관해 배우고 느끼고 하는 것 말이다. 이 책에 한글뿐 아니라 우리 손으로 하나하나 시도한 영문 번역이 수록되어 있는 이유도 여기서 찾을 수 있다.

비단, 우리나라만의 문제는 아니다. 우리가 앞으로 살아갈 세상을 살 만한 곳으로 만들려면 세계 곳곳에서 공동체 정신이 되살아나야 한다. 더불어 사는 사회를 가꾸기 위해 우리는 이 책을 통해 첫 발자국을 띄었다고 생각한다. 이제 숨 쉬고 있는 공동체를 체험해 보았으니 우리가 배우고 느낀 것을 통해 사회를 소생시켜 나아갈 것이다.

소의치병(小醫治病), 중의치인(中醫治人), 대의치국(大醫治國)이라고 했다. 생각할 수 있는 범주가 적은 의사는 병과 사람 밖에 치료하지 못하지만, 마음과 생각이 큰 의사는 나라도 치료한다는 말이다. 세상을 치료하는 의사가 될 한지윤과 이휘영을 기대해주기를 바란다.

2011년 7월 이휘영 · 한지윤

"Did the cat take your tongue?"

Hwi-Young asked Lucy Jiyoon when they first met 10 years ago. Even before they started elementary school, when her mother told her there was a kid in the neighborhood who would be going to the same bilingual school, Young Hoon, she thought they would become best friends forever–a friend to go to school with and do homework together. This question, however, burst the bubble. He probably just said that because of how she hadn't been able to mutter one word because of her inordinate shyness. Our friendship or more exactly, our co-existence, had begun.

We have been friends from such an early age, but the decision to travel to diverse communities across the country was sudden. As Hwi-Young chose to enter Geo-Chang High School in Geo-Chang, Gyeong-nam Province and Lucy was admitted into the Thacher School in Ojai, California, we were all of a sudden thrown into schools in two very remote farming communities. Seoul is a true metropolis and the two of us raised there were suddenly mere city kids lost in the countryside.

Geo-Chang High School is famous for its own 10 commandments. Go where there is a guillotine, not a crown, do what your mother or spouse opposes, go where you probably won't be promoted. Thacher gives each entering freshman a horse and at six you have to get up and clear the stalls and feed your horse without fail. Lights go out at 10:30 pm. The two of us were in entirely different territory from the urban setting where we had been born and raised.

Our high school years led us to the sad realization that farming communities were in serious decline. We began looking for people who were trying to restore the community spirit that had been so vibrantly at the core of traditional culture. It was pretty exciting to find out that both of us had the same aspirations while going to school in two such different places. We thought it would be a great idea to begin a little project to learn more about the stories behind these communities. We spent the past three years volunteering and searching for answers, together and apart.

As we look back on the process that eventually led to the publication of this book, we feel we could perhaps have done a better job, despite the limitations of our resources, but we are also proud that we were able to have come up with a pressing issue and explore it from many angles. We were delighted to find people who still hold on to the ideals that we would like to hold on to as young people in the face of the disappearance of sustainable communities. This is why we wrote not only in Korean, but also in English, so that people in other countries could learn about what is happening here, and people in Korea could learn more about movements elsewhere.

Our story is not merely our country's problem. If we want to transform our world into a place where people can once again live as neighbors in a spirit of shared destiny, communities must be revived. We believe we took a first step, no matter how small, to help highlight alternative ways of life in living, breathing communities. As the Chinese proverb says, "A mediocre doctor cures sickness, a good doctor cures the person, but a great doctor cures the nation." We hope to become doctors who never lose faith in helping to find a cure for the whole planet.

June 30, 2011
Lucy Jiyoon Han, The Thacher School, Ojai, California
Hwi Young Lee, Kyung Bock High School, Seoul

| 차 례 |

친환경적인 삶을 지향하며
공동체 회복을 꿈꾸는 사람들

다른 박자로 북을 치는 사람들을 만났다. 그들의 북소리는 다른 북소리들보다 좀 더 울림이 있었다. 다른 북소리들보다 조금 느리기도 했다. 그러나 그들의 북소리는 더 아름다웠고, 생동감이 있었다. 그들이 창조하는 마을은 더 푸르렀다.

세상은 무엇 때문에 그들의 북소리를 '다른 박자'로 규정하고, 빠르게 변모하는 것일까? 사람들의 욕망을 제어하지 못해서 그런 것일까? 아니면 그들이 세상의 속도에 적응하지 못하고 다른 박자로 북을 치는 것일까? 우리는 이러한 질문을 스스로 던지며 많은 사람들을 만났다.

한국과 미국에서 우리는 일곱 개의 공동체를 방문하고 때로는 참여하면서 많은 사람들을 만났다. 그것은 우리의 마음에서 일어나는 질문을 찾는 과정이기도 했고, 또 현대 사회에서 일어나는 문제에 대한 희망을 찾아가는 과정이기도 했다. 일곱 개의 공동체에서 우리는 그래도 세상을 살 만한 곳으로 만들고자 노력하는 사람들을 만났다. 그들은 따뜻한 가슴을 가진 사람들이었고, 어려움 속에서 소망을 바라보는 사람들이었다. 돈에 무릎 꿇지 않고, 사람으로 태어나서 사람답게 살며 행복한 세상을 만들어야 한다는 소명을 가진 사람들이었다. 그런 사람들이 만들어가는 공동체는 지구촌의 다른 어느 곳에서보다 그 안에서 사람들이 기쁨을 주고받고 있었다.

우리가 참된 공동체를 경험할 때 느끼는 즐거움을 어떤 사람은 사랑에 빠지는 것에 비유했다. 사람을 만나고, 신뢰하고, 힘을 합쳐 의미 있는 무엇인가를 이루는 과정이 즐겁다는 의미다.

"그것은 사랑에 빠지는 것과 같다. 공동체에 들어섰을 때 사람들은 진정으로 서로를 온전히 사랑하게 된다." 《*The Different Drum* (Scott Peck, 1998)》

구체적으로 공동체의 회복을 통해 사람들이 달성하고자 하는 것은 무엇일까?

우리는 그것이 사람 사이의 관계를 회복하고자 하는 열망이라는 사실을 깨달았다. 서로 믿고 의지하며, 친밀한 교류를 하는 이웃에 대한 열망이었다. 이러한 교류를 가능케 할 수 있는 삶의 방식과 공간, 아름다운 동네도 관심의 대상이었다. 지역의 경제적인 성장 자체가 공동체의 회복은 아니었지만, 대부분의 경우 경제적인 활동 역시 중시하고 있었다. 그들은 경제활동을 매개로 하는 소통과 신뢰, 협력을 위해 노력하고 있었다.

공동체를 지향하는 모든 사람과 지역에서 관심은 또 환경친화적인 삶으로 모아졌다. 단순한 친환경적 생태에 대한 관심을 너머, 독성 농약과 화학비료의 사용을 포기하고 자연적인 방법으로 먹을거리를 생산하는 운동으로 연결되어 있다. 예를 들면 한국의 한드미 마을, 토고미 마을, 원주의 새벽시장, 미국의 아미쉬, 오하이 계곡의 공동체 지원 농업(CSA) 등이 모두 친환경적 생활을 중시하고 있었다.

안타깝게도 급속한 경제발전과 개인주의화, 환경오염, 경제적 양극화 속에서 전통적인 공동체는 와해되고 있다. 세계화가 더 넓은 의미의 지구 공동체를 가능케 할 것이라고 하지만, 경제와 교류 이전의 인간적 행복과 친밀은 아직도 작은 공동체에 의해 더 영향을 받는 듯하다. 아니, 마을 공동체의 의미와 중요성은 세계화 시대에도 변질되지 않을 듯하다.

이 책은 한국과 미국에서 나타나는 공동체 회복의 사례들을 모은 것이다. 우리가 해당 지역들을 3년 동안 방문하거나 참여하여, 보고 느낀 소감을 적은 기록들이다.

한드미 마을과 토고미 마을은 한국에서 가장 대표적인 농촌 공동체 운동의 모범 사례들이다. 인구가 엄청난 속도로 감소하고, 농업이 경쟁력을 잃어가는 가운데 살기 좋은 농촌을 만든 경우이다. 단순한 경제 개발이 아니라, 관계의 회복과 전통의 재생이라는 의미를 크게 보여주고 있다. 미국 캘리포니아 오하이 계곡의 공동체 지원 농업(Community Supported Agriculture)은 이와 유사하지만 색다른 사례이다. CSA는 친환경 유기농업을 가능케 하기 위해 지역사회와 농업인들이 어떻게 협력하는지를 잘 보여주고 있다.

서울의 성미산 마을은 한국의 도시지역에서 드물게 나타난 지역 공동체 운동이다. 육아, 교육, 작은 공원 확보 운동을 펼치며 도시 서민들이 펼치는 새로운 이웃관계의 모습이다. 서울의 백사실 계곡에서 '산마루 서신'이 펼치는 사랑의 농장도 도시라는 맥락은 성미산 마을과 비슷하지만, 도시빈민에 해당하는 노숙인들을 위한 일터로서 노숙인 스스로의 자립노력과 자원봉사자들의 활동, 종교단체의 지원이 어우러지는 또 다른 공동체 모습이다.

미국의 아미쉬 마을은 색다른 공동체이다. 종교적 신념을 가진 사람들이 온전한 생활공동체를 발전시켜 온 경우로서 그만큼 강력한 특징과 매력을 갖고 있다.

이제 공동체를 회복하고자 하는 꿈은 샘물 같은 아름다움으로 다가온다. 그러한 꿈을 품은 사람은 신선한 생기를 가진 사람이었고, 눈물 어린 헌신을 하는 사람들이었다. 우리는 유기농 배추나 쌀을 생산하기 위해 얼마나 많은 땀을 흘려야 하는지 체험하게 되었다. 농약과 제초제를 사용하지 않을 때 풀과의 전쟁을 어떻게 치르는지 한드미 들판과 백사실 계곡의 사랑의 농장에서 보았다. 오하이 외곽에 있는 '농부와 요리사'라는 식당에서도 마찬가지였다. 이곳들에서 우리는 보통 사람들이 생각하는 것보다 얼마나 풍성한 먹을거리를 맛볼 수 있는지도 경험하였다.

이 책의 글과 사진들은 공동체의 해체를 안타까워하고, 회복을 꿈꾸는 지역을 탐방한 기록들이다. 우리의 체험과 느낌을 사장시키지 않고, 다른 사람들과 공유하고 싶어 작은 책으로 묶어내게 되었다. 작지만, 지난 3년 간의 발자국들이다. 많은 사람들이 즐겁게 볼 수 있도록 하기 위하여 현장의 사진들을 다양하게 수록하였다. 여러 사람들이 공동체의 해체 현상을 주목하고, 어떤 방식으로 그것을 회복하고 새로운 공동체를 만들어 갈 수 있을지 생각하는 계기가 되길 바란다.

The Revival of Communities

We met people marching to a different drum. There was a little more resonance to their drum beat. It was a little slower too. But their beat was more beautiful, more alive somehow. The communities and villages were just a little bit greener on their side of the fence.

Why does the world think of this as a different drum as it speeds towards greater change? Perhaps people can no longer control the acceleration of their desire? Or perhaps those who seek to build communities are just misfits who have failed to adjust to a changing world. These are the questions that arose as we encountered the many people and communities we report about in this book.

We visited seven communities in Korea and in America. It was a process of finding the right questions to ask, and it was also a process of finding hope for fixing the troubles of the modern world. We would like to affirm that the people we met in these communities were hard at work to make this world a more livable place again. They had engaging spirits and warm hearts–they did not lose faith when faced with adversity. They chose not to follow riches, but rather chose to remain true to the ideal that human beings must be true to themselves and try to create a better world. These people who devoted themselves to building community seemed happier than people elsewhere in the world.

The kind of happiness and good spirit we discovered in true communities could be described as a feeling of falling in love. A genuine meeting leads to trust and a feeling of togetherness that permits us to feel that good things can happen.

It is like falling in love. When they enter community, people in a very real sense do fall in love with one another en masse.

Scott Peck, The Different Drum.

What is it that people try to achieve when they seek to build communities? We realized that they were primarily fuelled by the desire to re-connect with people and to build real relationships. It was the desire to know one's neighbor, to trust one another, and to share fellowship. We were interested in finding the spaces, the places, where such relationships could be built, beautiful villages that harbored beautiful dreams. While their economic success was not crucial to their sense of identity, we discovered that on the whole, they were quite aware of the economic equation. They were seeking ways to be economically viable even as they sought to establish relationships of true communication and trust.

Wherever people were seeking to build communities, there was a common interest in environmental issues and an investment in sustainability. Going above and beyond mere concern for the environment, the people we met were actively pursuing farming methods that sought to do away with dangerous chemicals and pesticides to produce healthy food through natural means. What unites community builders throughout the world turned out be a shared commitment to environmental issues. For example, Handemy, Togomi and Community Supported Agriculture (CSA) in the Ojai Valley in California are all enterprises that have an investment in organic farming and eco-friendly ways of life. Unfortunately, because of rapid economic development and the rise of individualism, traditional communities have disappeared in almost all areas of the globe. Although some believe that the world can unite in new ways as a kind of global village, it is still the case that communities are local and tight. Shared happiness is more important than economic growth and exchange. The desire to connect and to live together in communities of trust remains unthwarted by globalization.

This book brings together examples of communities that have succeeded in pulling together despite it all. We have visited them personally, most together, and some separately, and we have written down what we learned and what we felt. Handemy and Togomi are the most representative examples of active engagement in building new farming communities. They show what it is to build a healthy and viable agricultural community in times of rapid growth and rapid decline in agricultural population in a country where the young no longer want to till the land. They stand as examples of what it means to recuperate personal relationships and traditional customs and methods. CSA in the Ojai Valley in California is a similar enterprise with a different feel. Here we see how farmers have built coalitions with consumers and even restaurants to build a new culture and a new sense of co-ownership of the process of producing healthful and delicious fresh food at the local level.

Sung-Mi San Village in Korea is a rare example of a community that has made it in the heart of a giant metropolis. It shows how people can build true neighborhoods that share in the tasks of child-care, education, and work to preserve green areas in the city. The "Farm of Love" operated by the Sanmaroo organization shares some similarities with Sung-Mi San, but there is a special interest in helping the homeless recuperate a sense of their human dignity. This farm combines the voluntary labor of the homeless, volunteer work offered by those who wish to support this project, and a shared sense of religious community.

The Amish in the United States present yet another facet of community. They are united by strong religious beliefs that translate into a deeply shared commitment to living together to be true to their faith. They are quite unique and offer a compelling case study.

The desire to build community felt as fresh as water from a stream. People who shared this desire had a different kind of energy, and had a different kind of courage to persevere in adversity. We experienced first-hand how much sheer sweat goes into raising organic cabbage or rice. We saw what it was to battle the weeds without using pesticides and herbicides in the fields of Handemy and the Farm of Love in the Baeksasil Valley in the heart of Seoul. The food we tasted at the Farmer and the Cook restaurant in the outskirts of Ojai showed us that the beauty of fresh food was truly an art.

The photos in this book were taken mostly by ourselves as we travelled around in the search of communities. We produced this book to share what we learned and what we came to feel in our journey over the past three years. To make the book a pleasurable experience for the reader, we have tried to include as many photos as we could. We hope many will be sharing in our search for communities that go against the grain as we join together to engage in new and creative ways to build communities for the future.

PART 01

식품은 공장에서
찍어내는 것이 아니다

Food is not manufactured in a factory

도시에 사는 사람들은 마트에 들러 잘 포장된 고기와 오이, 쌀 등을 다른 공산품과 함께 카트에 집어넣는다. 그런 모습을 보고 자라는 아이들은 쌀과 고기도 마치 장난감처럼 공장에서 생산되는 제품인 줄 오해하기도 한다. 그러나 수퍼마켓에서 팔리는 고기는 한때 생명을 갖고 있었던 소나 돼지, 닭이었으며 쌀과 배추와 오이 역시 농부들이 땀으로 만들어낸 귀중한 식품이다. 먹을거리에 대한 인식을 바르게 하는 것은 곧 생명에 대한 바른 인식이다.

People who live in cities place neatly packaged meat, cucumber, and rice into the shopping cart at the grocery store alongside other manufactured goods. Kids growing up in this kind of environment mistakenly think that rice or meat is factory produced like toys. The meat at the supermarket was once a living cow, pig, or chicken, and the rice cabbage, and cucumber are fruit of the farmer's hard labor. A true understanding of food fosters a true understanding of life.

왜 저커버그는 스스로 도축한
고기만 먹겠다고 선언했는가

2011년 5월 4일 페이스북 창시자 마크 저커버그는 자신의 페이스북에 자신이 직접 돼지와 염소를 도축했다고 올려 세계를 놀라게 했다. 그리고 그는 앞으로 스스로 도축한 고기만 먹겠다고 선언했다. 저커버그는 해마다 한 해의 목표를 세우는 것으로 유명한데, 2010년에는 중국어 배우기, 2009년에는 매일 넥타이를 하고 출근하기를 목표를 삼았었다.

직접 잡은 고기만 먹겠다고 하고 실제 도축을 하며, 요리까지 하는 저커버그의 행동은 언뜻 이상한 행동으로 보여질 수 있다. 그러나 저커버그의 이러한 행동에는 믿을 수 있는 먹을거리와 지구환경을 심각하게 생각해야 하는 선각자의 절박성이 담겨 있다.

그는 2011년 자신이 직접 도축한 고기만 먹기로 결심한 데 대하여, "나는 훨씬 건강한 음식을 먹고 있다. 그리고 환경보존형 농업과 가축을 기르는 것에 대해 많이 배웠다. 많은 사람들이 자신이 고기를 먹기 위해서는 살아 있는 생명이 죽어야 된다는 것을 잊고 사는데, 내 올해의 목표는 내가 먹는 것에 대한 감사하는 마음을 잊지 않는 것"이라고 말했다. 저커버그는 미국의 유명한 경제 전문지 〈포춘〉과 인터뷰를 하면서 "슈퍼마켓에서 공산품을 사듯이 고기를 사는 행위는 무책임한 행동"이라고 말했다. 그리고 그는 친생태적인 요리를 하는 요리사로부터 도축을 하는 법을 직접 배웠다고 말했다.

2011년 현재 27세밖에 되지 않은 젊은 저커버그는 미국의 유명한 환경전문기자 앤드류 레브킨이 명명한 E세대의 대표적인 경우라 할 수 있다.

앤드류 레브킨은 2009년 1월 3일 〈뉴욕 타임즈〉에서 E세대에 대해 이렇게 적고 있다.

"최근에 나는 내가 E세대라고 부르는 환경 · 에너지 관련 문제의 모든 방면에서 일하고 있는 젊은이들을 많이 알게 되었다. 그들 중 어떤 이들은 환경 과학과 그것이 미치는 영향에 대하여 사람들의 관심을 환기시키려 하고 있다. 또 다른 이들은 인간이 환경에 미치는 영향을 줄이기 위해 사업가나 발명가로 활동하기도 한다. E세대의 E는 환경(Environment), 에너지(Energy), 공정성(Equity), 사업가적 정신

(Enterprise)이다."

젊은 세대가 환경 관련 문제에 관심을 갖고 예측불허의 방면으로 활동하고 있는 현재의 흐름이 가슴을 훈훈하게 한다. 지금이야말로 이 세상에 살고 있는 69억 명의 인구뿐만 아니라, 이 지구 전체의 건강에 관한 문제들의 돌파구를 마련할 때가 되었는지도 모른다. 우리의 공동체 세우기 노력이 진정으로 지속가능하기 위해서는 젊은 세대가 선봉으로 움직여야 한다. 환경 문제가 엘리트의 취미가 아닌, 전 인류의 관심사가 되기 위해서는 대중을 움직이는 열광적인 에너지가 생성되어야 한다.

무엇을 먹느냐는 곧 한 국가에 대한 평가 기준

미국의 작가 업튼 싱클레어가 발표한 소설 《정글》은 1906년 사회주의 신문인 〈Appeal to Reason〉으로부터 시카고 가축수용소에 가서 고기도축업장의 작업환경을 취재하라는 말을 듣고 다녀와 쓴 것이다. 그의 본래 계획은 파업에 들어간 고기도축업계 노동자들의 끔찍한 작업 환경을 글로 담는 것이었다. 그러나 싱클레어는 예기치 않게 노동자들의 위험한 환경뿐만 아니라, 오염된 환경에서 진행되는 고기 생산과정을 지켜보고 충격을 받았다.

사실 우리는 소시지용으로 어떤 고기가 사용되는지 아무 관심을 갖지

페이스북 창시자 저커버그는 2011년 스스로 도축한 고기만 먹겠다 선언했다. 사진은 오바마 대통령과 토론하는 모습.

않는다. 싱클레어도 마찬가지였다. 그러나 그가 도축업장에서 본 것은 불합격 판정을 받은 소시지와 유럽에서 반품된 허옇게 곰팡이가 핀 소시지에 붕사나 글리세린을 섞어 다른 소시지와 함께 새롭게 포장되는 소시지였다. 뿐만 아니라 침을 내뱉어 병균이 우글거리고 일꾼들이 쿵쿵거리며 밟고 다니는 마룻바닥에 굴러 떨어져 먼지나 톱밥이 묻은 고기가 아무렇지도 않게 소시지로 만들어지는 모습이었다.

싱클레어는 몇 개의 창고에 산더미처럼 쌓인 고기들 사이로 쥐들이 들락거리는 것도 목격했다. 그 창고라는 곳은 말만 창고지 실제로는 지붕이 새 빗물이 떨어지고, 창고 안은 너무 어두워 잘 보이지도 않았으며 심지어 손으로 바닥을 한 번 휙 쓸자 마른 쥐똥이 한 줌씩 나오는 곳이었다. 심지어 쥐약 묻은 빵이 고기와 함께 소시지를 만드는 깔때기 속으로 들어갔다.

고기는 삽으로 퍼 수레에 담겨졌고, 삽질하는 인부는 고기더미 속에서 죽은 쥐를 보고도 삽질을 멈추지 않았다. 그리고 그것들은 소시지 재료가 되어 사람들의 입속으로 들어갔다. 싱클레어는 자기가 본 것을 그대로 소설 《정글》에 담아냈다.

소설 《정글》에 상세하게 기록된 내용을 보고 독자들은 역겨움과 충격과 분노를 느꼈다. 대중은 이 책을 전 세계적인 베스트셀러로 만들 정도로 열광적인 지지를 보냈다. 동시에 고기 판매는 눈에 띄게 줄었으며, 건강을 위한 식품 관리를 철저히 하기 위해 대중이 움직이기 시작했다.

쇠고기 기업연합의 파렴치한 상업 관행은 열렬한 대중의 변화 요구에 더 이상 지속될 수 없었다. 사회주의자였던 싱클레어가 미국 사회 내에서 사회주의에 대한 지지를 얻어낼 수는 없었지만, 그는 '모든 반대를 누르고, 이 땅의 법을 무시하고, 사람들을 먹이로 노리는 거대한 자본 조합'이라 부른 이 영향력 큰 쇠고기 기업연합을 상대로 많은 지지자들과 대항할 수 있었다.

싱클레어가 묘사한 고기 도축업계의 끔찍한 관행에 화가 난 대중들은 도축업계를 상대로 법안을 통과시켜야 한다고 강하게 주장했다. 루즈벨트 당시 대통령은 "소 발굽에서부터 캔으로 들어갈 때까지의 전 쇠고기 생산 과정을 연방 조사관이 사찰하고 관리하는 법안이 필요하다."고 선포했다. 그리고 특별 위원회를 구성해 싱클레어의 고기도축업에 관한 주장이 맞는지 확인했다. 싱클레어가 쓴 모든 내용이 사실이라는 것을 알고 루즈벨트 대통령 역시 경악을 금치 못했다. 《정글》이 발표된 이듬해인 1907년, 식품의약품 위생법과 육류 검역법이 통과되고 정부는 국민이 먹는 음식의 안전을 보장해야 할 책임을 떠맡았다.

이러한 일련의 상황에 대해 싱클레어는 "나는 대중의 가슴을 맞추려다 실수로 그들의 배를 맞추어버렸다."고 말했다.

무엇을 먹느냐가 한 국가에 대한 평가를 결정한다. 식품은 어쩌면 모든 훌륭한 정부의 가장 중요한 사업일지도 모른다. 그렇기 때문에 식품은 대중을 위한 기본적인 인권이 되어야 한다. 식품이 기업의 이익을 위해 존재할 수 없다. 싱클레어를 통한 깨끗하고 안전한 음식을 위한 대중 혁명은 더 나은 미래를 위해 정부 정책의 부재와 식품업계의 무심함을 한순간에 바꾸어 놓았다.

그런데 문제는 100년의 세월이 지난 지금도 싱클레어가 제기한 이 문제가 여전히 유효하다는 점이다. 어쩌면 그때보다 오히려 더욱 심각한 환경에 처했는지도 모른다. 이제 기업형 농업의 시대에서 우리는 다시 한 번 거대 기업이 된 식품업계와 인간 건강과 지구 건강을 모두 해치는 농업을 상대로 혁명을 일으킬 때가 된 것이다.

유기농 농법의 역사

화학 성분으로 된 농약의 위험성이 문제되고 식품 관련 운동가들이 대중 인식을 바꾸기 위해 더 활발하게 활동을 하면서 이제 유기농업은 환경보존뿐만 아니라 먹을거리를 통한 건강 회복에 꼭 필요한 요소가 되었다.

유기농법에 대한 정의는 '일체의 화학비료, 유기합성농약(농약, 성장촉진제, 제초제 등), 가축사료 첨가제 등 일체의 합성화학 물질을 사용하지 않고 유기물과 자연광석, 미생물 등 자연적인 자재만을 사용하는 농법'(대한민국 농림수산부 정의)이다.

기업형 농법이 시작되기 전 농업은 유기농업이 전부였다. 그러나 산업 혁명을 거치면서 값싸고 강한 무기질 비료와 비자연적인 농법을 가능케 하는 기계가 대량 생산되면서 무기농법으로 전환되기 시작했다. 물론 무기농법을 통해 식품 생산량은 크게 증진됐다. 1900년에는 농부 한 사람이 2.5명에게 식품 공급을 했다면, 오늘날에는 한 사람의 농부가 무려 100명이 넘는 이들에게 식품을 공급하고 있다. 그러나 문제는 이러한 무기농법이 위험한 화학제품들에 높은 의존도를 보임으로써 부정적 영향을 끼치고 있다는 사실이다.

유기농법 움직임이 처음 일기 시작한 것은 1940년대였다. 영국의 식물학자인 알버트 하워드 경은 뱅골(남아시아의 동북부 지방으로서 현재는 방글라데시와 인도의 서뱅골 주로 나뉘어 있다. 1947년 독립하기 전까지 영국령이었다)에서 전통 농법을 지켜본 후 이들의 유기농법이 영국의 농법보다 훌륭하다 생각하여 유기농법을 전격 지지하는 한편, 유기농법에 대한 연구와 필요성을 강조했다.

이후 그는 유기농법의 아버지로 불리며, 많은 사람들이 그를 따라 유기농법을 실시했다. 오늘날 유기농법은 세계 농작지의 0.9%를 차지하고 있으며, 일부 나라에서는 정부 차원에서 유기농법을 보조하고 지원하고 있다.

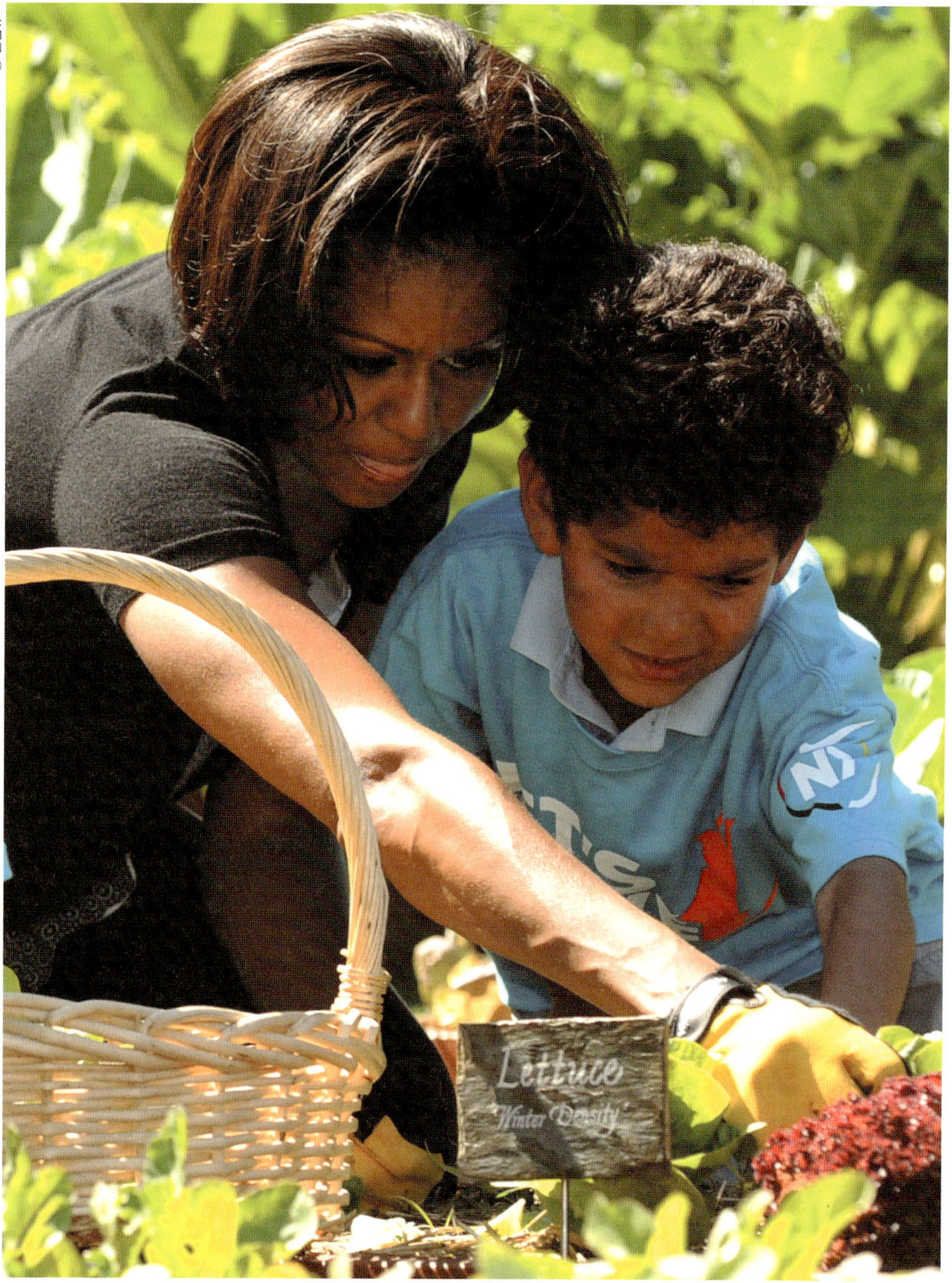
Lettuce
'Winter Density'

또 정부에서 인증을 하고, 생산 방식 역시 규제하고 있다. 유기농법의 지속가능성과 식품으로서의 높은 위상이 유기농법을 현대 농업 시장에서 고유한 시장을 갖게 하고 있는 것이다. 그리고 오늘날의 유기농법은 단순한 먹을거리 문제일뿐만 아니라 환경, 건강, 정치, 윤리 차원에서 중요한 이슈가 되고 있다.

미셸 오바마의 백악관 정원이 갖는 의미

2009년 이른 봄 미국의 첫 흑인 영부인인 미셸 오바마가 가장 먼저 시작한 일은 백악관 정원을 유기농 텃밭으로 만든 것이었다. 미셸 오바마는 26명의 초등학교 5학년생들과 함께 백악관 정원에 시금치, 양파, 샬롯(작은 양파의 일종), 마늘, 근대, 스냅 완두콩, 루콜라, 당근 그리고 오크라를 심었다. 그리고 이것은 일시적인 행위가 아니라 지속적인 텃밭 가꾸기로 이어졌다.

농업을 위해 토지를 일구는 것은 큰 상징적 의미가 있다. 미셸 오바마는 아이들에게 신선한 채소를 먹는 것이 건강한 식습관에 얼마나 중요한지 알려주고 있다.

미셸 오바마가 아이들을 불러 그녀의 백악관 채소밭에 채소를 심고 추수하는 것은 언뜻 보면 평범한 행동처럼 보인다. 그러나 이것은 농약을 생산하는 기업들로부터 열띤 논쟁을 일으켰다. 그들은 농약을 사용하는 무기농법이 필요할 뿐 아니라 대중에게 더 질이 높은 식품을 제공하기 위해 더 나은 선택이라고 주장했다. 백악관 채소밭에서 재배되는 유기농 채소의 정치적 메시지가 기업형 식품업계를 불안에 떨게 했던 것이다.

건강 논쟁에 관해 거대 식품 기업들의 편을 매번 들어주는 미국 과학과 건강위원회의 준이사인 제프리 스티어는 "백악관에 유기농 밭을 만들고 사람들에게 유기농 음식을 먹으라고 하는 것은 무책임한 행동"이라고까지 비난하면서 바로 "이 무책임한 행동은 미국 사회 내에 비만과 굶주림을 동시에 불러일으킬 것"이라고 주장했다.

이런 비난은 유기농법이 엘리트적 활동이며 대중에 큰 영향을 줄 수 없다고 생각하는 데서 비롯된다. 그럼에도 불구하고, 미국의 많은 인구가 이미 자신들의 채소를 기르기 시작했다. 대통령 일가의 채소밭은 그저 한 가족의 계획일 뿐이지만, 그들은 대 국민적 관심을 얻는 데 성공하였다. 물론 무기농법이 우월하다고 믿고 있는 이들도 적잖지만, 많은 이들은 이미 식품업계가 조장하는 화학 비료를 불신하고 있는 것이다.

이제 사람들은 자신의 소비자 권리를 위해 채소를 직접 기르거나, 살고 있는 근방에서 기른 음식을 먹음으로써 자신이 먹는 음식을 재배하는 사람이 누구인지 확인하고 싶어한다.

전 세계적으로 늘어나는 젊은 농부들로부터 희망을 발견하다

최근 농업에서 가장 흥분되는 사건은 젊은 남녀가 농부의 길을 걷는 수가 점점 늘고 있다는 것이다. 일상생활에 필수적인 농업을 업으로 삼고 있는 사람들의 평균 나이가 60세에 가까운 고령이 대부분이며 전체 인구의 2%에 맡겨지고 있는 실정이다. 이는 농업이 거대 기업으로 변모하면서 대형 농장들이 합병하고 생산 단계를 최소화함으로써 최소 비용을 줄이고 능률을 높였기 때문이다.

이러한 상황에서 젊은 세대가 지속가능한 미래를 위해 농업을 직업으로 선택하고, 리더가 되어간다는 것은 상당히 희망적이다. 미국 농업부는 2008년 통과시킨 농장 법안을 통해 새로운 농부들과 목장경영자들을 교육시키는 프로그램을 추가했다. 2010년에는 정부가 1,800만 달러의 돈으로 토지를 일구고 있는 젊은 농부들을 교육시키는 데 지원했다. 이들 젊은 농부들의 농업 방식은 환경과 건강에 피해를 주는 기업형 농업의 잘못된 방식에 환멸을 느끼고, 점차 유기농법으로 전환하고 있다.

미국 오레건의 목축업자인 타일러 존스는 "사람들은 수퍼마켓에서 소통하는 것보다 더 많이 소통하고 싶어한다. 요즘에는 음식에 대해 신뢰하지 못하기 때문에 그들은 자신들의 농작물 재배자들을 믿고 싶어한다."고 말했다.

새로운 세대의 농부들이 부상하는 것은 공동체 정신과 맥이 통한다. 세상과 소통하는 데 있어 관심을 보이지 않았던 젊은이들이 공동체를 세우기 위해 변하고 있는 것이다.

그리고 상호 믿음과 보살핌으로 통하던 전통 사회의 삶의 질을 되찾기 위해 노력하고 있다. 그들은 하나된 느낌을 갖고 싶어하고, 서로를 지키고 책임감을 나누는 일을 그리워한다. 비록 아직까지는 조직화가 되지 않고 모든 젊은이들이 환경과 지속가능한 사회 구축에 대해 심각하게 생각하고 있지는 않지만, 앞으로 우리 사회는 충분히 변화될 여지를 갖고 있는 것이다. 젊은 세대의 키워드가 에너지, 사업가 정신, 공정성, 그리고 환경이라면 이 구호들이 우리가 현재 모두 홀로 서 있는 미궁에서 빠져나올 돌파구를 제시하는 단어들이기 때문이다. 끊임없는 경쟁이 불러일으키는 비인간적인 논리는 우리가 같은 운명을 지니고 사는 것에 대한 믿음과 헌신으로 넘어설 수 있다. 우리가 지구에서 살아남기 위해서는 우리 모두의 두뇌와 가슴을 투자해야 한다.

Why does Zuckerberg only eat what he kills?

On May 4, 2011, the founder of Facebook, Mark Zuckerberg made news around the world by posting on his Facebook page the information that he had personally slaughtered a pig and a goat. Zuckerberg has been known for setting yearly goals, which included learning Mandarin Chinese in 2010, and wearing neckties daily to work in 2009. Zuckerberg explained this newest determination by saying, "I'm eating a lot healthier foods. And I have learned a lot about sustainable farming and raising of animals. . . . I think many people forget that a living being has to die for you to eat meat, so my goal revolves around not letting myself forget that and being thankful for what I have." The young Zuckerberg, only 27 this year, can be described as a member of what some have called the new Generation E. Andrew Revkin writes in the New York Times column, 'Dot Earth' on January 3, 2009:

"I've gotten to know a heap of young people of late–people I call 'Generation E' who are working on every facet of the climate-energy challenge. Some are trying to spread awareness of climate science and its implications. Others are working on ways to cut the human impact on the environment as inventors or entrepreneurs. Lately, I've been summarizing the themes represented by the E in Generation E this way: Environment, Energy, Equity, Enterprise."

The interest in environmental issues is being taken up by the younger generation in ways yet unforeseen, and this is a truly heartening new development. Perhaps this is a breakthrough movement for issues that concern the well being of the planet as a whole, and not merely the 6.93 billion humans who happen to inhabit it. For our community building efforts to be truly sustainable, they must be taken up by the next generation. Excitement and energy must be generated to rally the masses if environmental issues are not to remain an elite hobby rather than a general human concern.

Upton Sinclair's *The Jungle*

In fact, it only took one novel at the beginning of the last century to begin the modern process of enacting legislation to ensure food safety and standards. Upton Sinclair published *The Jungle* in 1906 after he had been sent to the Chicago stockyards to investigate the working conditions in the meatpacking plants by the socialist newspaper *Appeal to Reason*. The original mission was to cover the dreadful working conditions of the laborers in the meatpacking industry who had gone on strike. However, Sinclair unexpectedly came across not only a deadly environment for the workers but also witnessed the seriously hazardous condition in which the meat was being produced.

The meat would be shoveled into carts, and the man who did the shoveling would not trouble to lift out a rat even when he saw one–there were things that went into the sausage in comparison with which a poisoned rat was a tidbit. There was no place for the men to wash their hands before they ate their dinner, and so they made a practice of washing them in the water that was to be ladled into the sausage.

Upton Sinclair, The Jungle

He included graphic detail of the contaminated meat that thoroughly disgusted the readers, who began strongly voicing their anger and shock

The Jungle first published in 1906 and translated into Korean.

over this new discovery of the meatpacking industry's violation of consumer trust. The public responded by making the book an international bestseller. Meat sales plummeted and a public movement was created around the new discussion regarding quality control of meat and food for public health. Roosevelt established a special presidential commission and their report confirmed that all that Sinclair had described was true. Sinclair commented in the aftermath, "I aimed at the public's heart, and by accident I hit it in the stomach." Within the same year, 1906, two major bills were enacted in response to the public uproar: the Meat Inspection Act and the Pure Food and Drug Act.

The immoral business practices of the beef trust could no longer be continued in the face of such fierce public demand for change. Although Sinclair failed to generate a popular socialist sentiment in American society, he had successfully led the way to the first public uprising against the powerful beef trust he himself had described as, "a gigantic combination of capital, which had crushed all opposition, and overthrown the laws of the land, and was preying upon the people." The public, thoroughly riled by Sinclair's description of the filthy practices of the meatpacking industry, played a central role in urging for legislation against the meatpacking industry. President Roosevelt proclaimed, "A law is needed which will enable the inspectors of the [Federal] Government to inspect and supervise from the hoof to the can the preparation of the meat food product." The government had been forced to take on the responsibility of ensuring the safety of what its citizens consumed. A single novel had been able to bring to the attention of all the supreme importance of food in maintaining the quality of human life. A nation is what it eats. Food is important business, perhaps the most important business of all good government, and therefore cannot be left to serve the interest of big business over that of the public for whom safe food should surely be a fundamental human right. In Upton Sinclair's America, the public revolution for cleaner and safer food turned the tide of lack of government policy and the food industry's disregard for a better future. Now in the age of industrial farming, it is time to begin the crusade against the industrial food giants and farming practices that sacrifice human health as well as the health of the planet.

History of Organic Farming

As the dangers presented by pesticides and chemicals became a looming issue and food activists began taking more militant action for change in the public awareness, organic food production became central to the modern world's understanding of sustainable farming and healthful produce. Organic farming is defined as an "ecological production management system that promotes and enhances biodiversity,

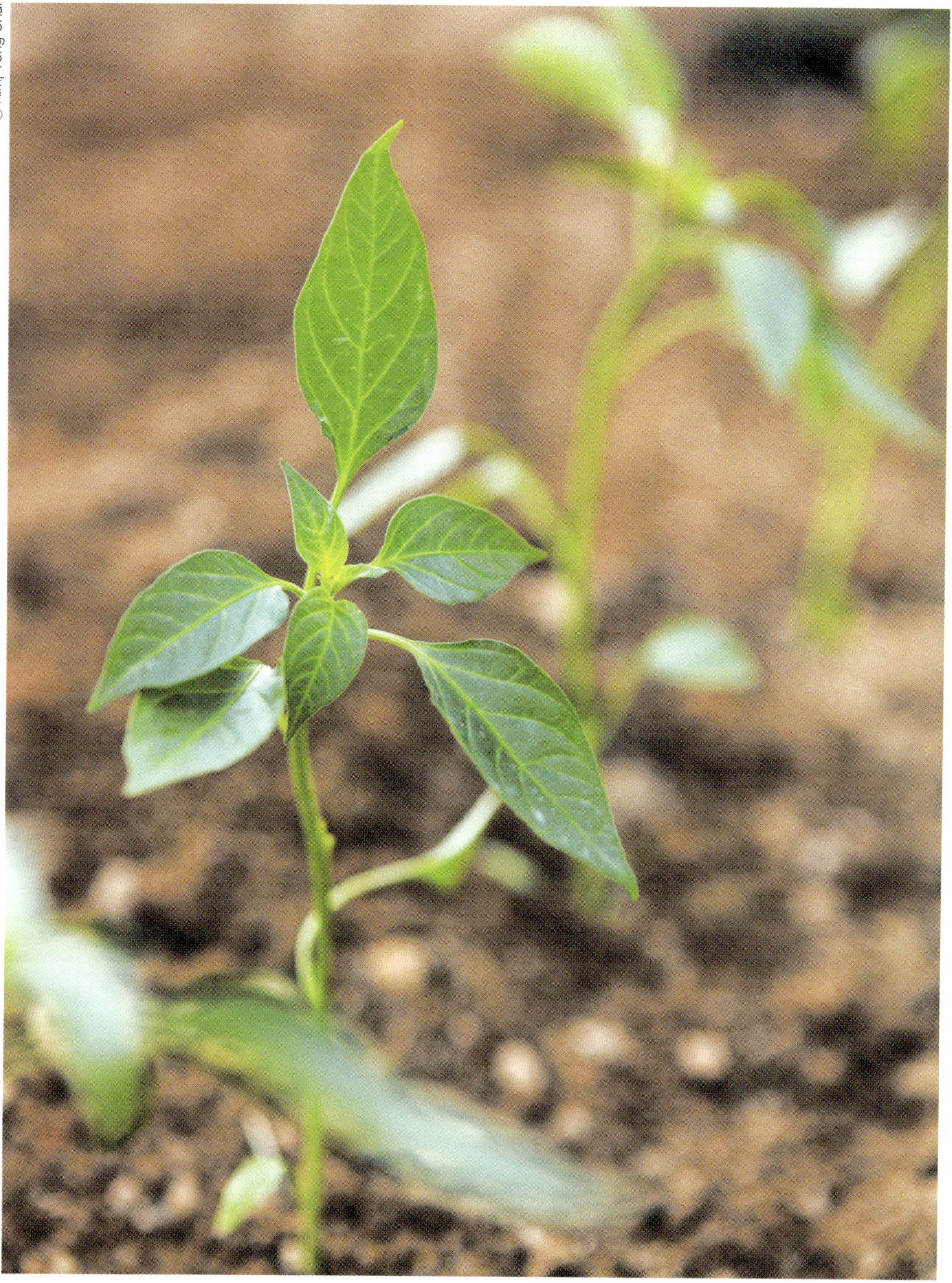

biological cycles, and soil biological activity. It is based on minimal use of off-farm inputs and on management practices that restore, maintain, or enhance ecological harmony. The primary goal of organic agriculture is to optimize the health and productivity of interdependent communities of soil life, plants, animals and people."

Before the arrival of industrial farming methods, organic farming was the sole form of agriculture. However, during the industrial revolution, mass production of cheap and strong synthetic fertilizers as well as the use of machinery allowed for inorganic farming to grow exponentially. Such a change in farming methods greatly increased food production. While in 1900, one farmer could only provide for 2.5 people, today, one farmer can provide for over a hundred people(History of organic farming, Wikipedia). Nonetheless, the negative impact of nonorganic farming has had a deadly toll, especially because of its heavy reliance on dangerous chemical-based products. Only by the 1940s did the organic farming movement first begin to fight against agriculture's heavy reliance on inorganic methods. Sir Albert Howard, a British botanist, called for organic farming after working in Bengal and witnessing the traditional farming methods that he deemed was superior to the farming practice back in Britain. As the "father of organic farming," he began the post-industrial revolution organic movement and soon others followed in his footsteps. Today, organic farming is a solid segment of the total agricultural output as 0.9

% of world's farmland is devoted to organic farming and governments fund the organic efforts through subsidies. Now, organic farming is a certifiable farming method with a systematical approach that allows governments to regulate the production methods. The sustainability aspect and its premium status give organic produce a distinctive niche in modern agriculture. Organic farming today is not only an environmental issue, but also a health issue, a political issue, and more importantly an ethical issue.

Michelle Obama's White House Garden

One of the very first things the first black First Lady of the United States undertook in the early spring of 2009 was the inauguration of the White House organic garden. Mrs. Obama and 26 fifth graders started on the White House Kitchen Garden by planting spinach, onions, shallots, garlic, chard, snap peas, arugula, carrots and okra. Farming to till the land of the White House had great symbolic meaning. Equally important was Mrs. Obama's desire to emphasize to the children the importance of eating fresh vegetables for a healthy diet. It seemed a rather harmless act for Mrs. Obama to bring school children to plant and harvest vegetables grown from her White House garden. Nevertheless, this organic garden sparked a heated argument from the industrial giants that endorse chemical pesticides. They claimed that nonorganic ways are not only necessary, but also better for producing high quality food for the masses.

The political message of the Obama garden of organically grown vegetables is clearly making the industrial food giants uneasy. Jeffery Stier, Associate Director of the American Council on Science and Health, a group that defends the food giants on health issues, went so far as to proclaim that the Obamas were "irresponsible to tell people that you should have to eat organic and locally gown food." This irresponsibility Stier claims will bring on obesity and starvation of the American population. Such accusations are motivated by the idea that organic farming is in the elitist domain with no influence on the general population. Nonetheless, a considerable segment of the population has begun to grow their own vegetables. The presidential family's organic garden is just one family's initiative, but they have succeeded in generating a lot of national interest. While there are those who side with the American Council on Science and Health that synthetic farming methods are beneficial, many have begun to distrust the chemicals used by the food industry. The power of the public in swaying the food giants' decision on how to treat our food has been proven by the way the government regulations changed after the public was revolted by what Sinclair had witnessed in the meatpacking industry. Once again, people are fighting for their consumer rights by insisting on "knowing your grower" either by becoming a grower themselves or going local in their food choices.

Young Farmers

What is one of the most exciting new developments in agriculture is the growing number of young men and women deciding to become active farmers. Agriculture, so vital to our daily sustenance, had been entrusted to merely 2% of the entire U.S. population, a group of median age reaching close to sixty. This was in large measure due to the growth of agriculture as big business with the consolidation of giant farms and the drive to reduce costs to ensure "efficiency" at every level of the farming process. Thus, the news that recently increasing numbers of the younger generation are becoming active leaders in changing farming for a sustainable future is encouraging and hopeful. The disillusionment due to the abuses of industrial farming that is so detrimental to the environment and to human health is causing greater numbers of young people to take up organic local farming. The United States Department of Agriculture passed a Farm Bill in 2008 that included a program to train new farmers and ranchers. In 2010, 18 million dollars were spent to educate the growing number of young farmers who had made the active decision to farm the land as a career and as a way of life.

Tyler Jones, a livestock farmer from Oregon, reports that, "People want to connect more than they can at their grocery store…. They want to trust their producer, because there's so little trust in food these days." (New York Times, March 5, 2011). The emergence of a new generation of farmers can be seen in the light of community spirit. Youth who have always been associated with a blasé attitude regarding connecting with the world have surprisingly made a return to community building. The human qualities of traditional communities that are tightly bound by mutual trust and care have become the modern quest. Young people seem to yearn for the feeling of being bound together and sharing the responsibility of protecting one another that has largely been lost in this day and age. While it is not yet a mass movement, and not all youth are ready to become serious about environmental issues and sustainable community building, there seems to be enough interest at the moment to generate momentum. If the new key words are energy, enterprise, equity, and environment, it is because together they suggest a possible exit from the current labyrinth we find ourselves in, where each player stands alone. The inhumanity of the logic of boundless competition can only be overcome by a commitment to a spirit of shared destiny, and we will need to invest all our brains as well as all our hearts if we are going to survive on this planet.

PART 02

한드미 마을
Handemy Village

충북 단양 소백산 자락에 있는 깊은 산골마을 한드미. 친환경 마을인 이곳 한드미 마을에는 밤이면 하늘 가득 별들이 쏟아지고, 마을 가운데를 흐르는 냇물에서는 청정수역에서만 산다는 산천어가 살고 있다. 다양한 농사체험과 산촌체험, 생태체험 등을 할 수 있는 한드미 마을은 새로운 마을 공동체의 표본이 되고 있다.

Handemy Village is located in Danyang, deep in the Sobaek Mountains of Chungbuk Province. Here the nights are lit by the stars and the clean and fresh stream that flows through the middle of the village is filled with trout that only live in the purest water. Handemy offers many programs for city dwellers to experience the farming life and eco-friendly agriculture. Handemy village has become a new model of community building and sustainable living.

공동체 마을의 희망,
한드미 마을

시골 마을은 젊은이들이 떠나 마을에는 나이 든 사람들이 대부분이다. 그러다 보니 소득이 낮은 게 보통이다. 한국의 농어촌 대부분이 비슷한 문제점을 보이고 있다. 그런데 충북 단양의 한드미 마을은 그렇지 않다. 2009년 여름방학, 우리는 함께 충북 단양의 한드미 마을로 봉사를 떠났다. 서울에서 출발한 버스는 중부고속도로를 달리다 영동고속도로로 바꾸어 타고, 다시 중앙고속도로로 세 시간 여를 달리자 한드미 마을에 도착했다.

한드미 마을은 평화로운 시골마을이었다. 동네 입구에는 '한드미 마을'이라는 표지판이 세워져 있고, 때마침 여름 캠프를 온 아이들과 어른들이 북적대 마을에는 활기가 돌았다. 마을 이장님께 인사를 하고 숙소에 짐을 푸니 우리에게 일감이 주어졌다. 우리가 할 일은 마을 안 길을 청소하고, 여름 캠프에 참여한 초등학교 아이들을 돌보는 일이었다.

한여름이라 조금만 움직여도 구슬땀이 이마에 맺혔다. 그래도 깨끗한 시골 바람이어서 상쾌했다. 단체로 먹는 점심과 저녁도 꿀맛이었다. 더 잊을 수 없는 추억은 밤에 생겼다. 밤하늘에 무수히 박힌 별들이 가까이에서 반짝이고 있었다. 그렇게 많은 별들을, 그렇게 빛나는 별들을 우리는 이전에는 한번도 본 적이 없었다. 한드미 마을에서 밤중에 별을 본 이후, 우리는 반짝이는 별을 보고 싶은 소망을 지니게 되었다.

한드미 마을에는 명물이 몇 개 있다. 첫 번째는 마을 바로 옆을 흐르는 시원한 냇물이다. 한드미가 가진 무한한 자원이기도 한 이 냇물은 얼마나 시원한지 한여름인데도 오래 들어가 있으면 몸이 서늘해질 정도였다. 체험학습을 온 어린이와 어른들은 그곳에서 수영을 하기도 하고, 고기를 잡으며 뗏목을 띄우기도 한다.

한드미 마을에는 작은 수로 하나가 마을 안을 지나간다. 그리고 수로에는 빨래터가 복원되어 있다. 옛날에는 빨래터에서 동네 아주머니들이 이야기를 나누며 서로 소식을 묻는 사랑방 구실을 했다고 한다. 한드미 마을에는 물레방아도 있다. 옛날에 쓰던 물레방아를 복원해 놓았는데 깨끗한 물줄기 하나가 동네를 지나면서 얼마나 잘 활용되는지 눈으로 확인할 수 있는 풍경을 이룬다.

한드미 마을을 찾은 어린이들이 다양한 농촌체험을 하며 즐거워하고 있다.

냇가에는 작은 다리가 놓여 있다. 다리에는 그림과 함께 '한드미야 활짝 웃어라'라고 쓰인 나무판이 있다. 그림은 아마도 마을 어린이들이 미술시간에 그린 것 같다. 그림과 글씨들이 정겹고, 그 마음에 공감하게 된다.

다리를 건너면 동굴이 하나 나온다. 더운 여름인데도 동굴에서는 시원한 바람이 나온다. 동굴로 들어가지 않고 앞에 앉아 있어도 동굴에서 나오는 시원한 바람을 충분히 느낄 수 있었다. 그런데 이 동굴 안에는 박쥐들이 서식하고 있다. 이래저래 동굴은 으스스하니 시원하다.

노무현 전 대통령이 찾아 격려하다

한드미 마을이 살아나는 움직임을 본격화하던 2005년 5월 21일, 당시 대통령이던 노무현 전 대통령이 이곳을 찾았다. 마을 어른들은 당시를 너무도 잘 기억하고 계셨다. 심지어 대통령이 도착한 시각이 토요일 오전 10시 20분쯤이었다고까지 기억할 정도였다. 노무현 대통령은 서울에서 한 시간여 헬기와 승용차를 이용해 이곳에 도착했다고 한다.

이 산골마을에 대통령이 방문하자 한드미 마을은 흥분했다. 이날 칠순을 맞은 한 할머니는 서울에서 자식들이 마련한 칠순잔치도 미룬 채 솥뚜껑에 감자전을 부쳐 대통령을 대접했다고 한다. 마을 사람들은 노무현 전 대통령의 손을 붙잡고 연거푸 "이렇게 와 주서서 감사합니다!"라고 인사했다.

노무현 전 대통령은 "마치 고향에 온 것 같다."며 한드미 마을을 좋아했다. 마을에 세 시간여 머무는 동안 노무현 전 대통령은 농촌체험 온 열두 가족들과 함께 어울려 율무 씨앗을 뿌리고, 고구마 순을 심고, 개울에서 아이들과 어울려 고기를 잡기도 했다. 고구마 순을 심으면서 노무현 전 대통령은 이렇게 말했다.

"어릴 때 고구마 순을 많이 심어 봤다. 농토를 다 팔 정도로 가난했는데, 어머니가 고구마 순을 심어 내다 팔아 학비를 대 공부할 수 있었다. 고구마 순만 보면 어머니가 생각난다."

농촌에서 자란 분이라 한드미 마을의 농촌 체험이 더 각별한 것처럼 느껴진 듯했다.

농촌 체험이 끝난 후 정문찬 이장은 대통령에게 마을의 변화상을 보고했다. 2001년부터 정부 지원으로 녹색농촌체험 마을사업, 정보화 마을사업을 추진하고 있었으며, 2004년부터 인근의 4개 마을과 함께 농촌마을 종합개발사업을 추진한다는 등의 내용이었다. 이장의 보고를 받고 대통령은 미소를 머금은 채 다음과 같이 말했다.

"도시인의 여유로운 삶을 위해 전 국토를 재편성하고, 농촌을 활용하는 방안을 생각 중입니다. 도시에 사는 사람과 농촌의 뿌리를 연결하는 것이 정서적으로 좋은데, 그것을 오늘 한드미 마을에서 확인했습니

풀벌레 노래와
한 방울 물소리에도
귀를 여는 국민의 대통령

무성 농촌체험마을 생가도 우리 마을을
방문하신 노무현 대통령님의 마을 번영
기원 뜻 소중 오래도록 기억하고자 이 비
를 세웁니다

2005년 5월 21일

한드미 주민일동

노무현 전 대통령의 방문을 기념하며 마을에 세운 기념비.

다. 공부 많이 했습니다."

노무현 전 대통령의 방문과 격려는 마을에 큰 힘이 되었다. 마을 사람들은 그 기쁘고 감사한 마음을 오랫동안 간직하기 위해 둥근 돌로 표지석을 세우고 거기에 '풀벌레 노래와 한 방울 물소리에도 귀를 여는 국민의 대통령'이란 글귀를 새겼다. 이 기념비는 지금도 한드미 마을에 가면 볼 수 있다.

귀향한 마을 지도자 정문찬 이장, 한드미 마을 공동체를 이루다

한드미 마을의 부활은 정문찬 이장을 빼놓고 설명하기 어렵다. 한드미 마을이 고향인 그는 다른 젊은이들처럼 일찌감치 도시로 나갔다. 그러다 농촌운동을 하겠다는 꿈을 안고 1978년 고향으로 돌아왔다. 처음그가 시작한 일은 양계사업. 양계장을 하며 농촌운동을 하려고 했지만 쉽지 않았다. 결국 양계사업에 실패한 그는 생계를 위해 다시 도시 부산으로 떠났다. 그가 다시 고향을 찾은 것은 20년 만인 1998년. 이때는 본격적으로 마을 살리기에 나섰다.

그는 친환경 생태마을을 한드미 마을의 비전으로 정했다. 친환경 농사를 짓는 동시에, 도시와 농촌을 연결하는 프로그램을 개발하여 시행했다. 처음에는 아무도 그의 목소리에 귀를 기울이지 않았다. 그는 혼자 친환경 농사를 지으면서 마을 사람들을 조금씩 설득했다.

정문찬 이장의 우렁이농법 등 친환경 농사를 지켜 보던 마을 사람들의 생각이 조금씩 변하기 시작했다. 얼마 후 한드미 마을 모든 사람들이 함께 우렁이농법으로 농사를 짓기 시작했다. 2004년에는 오리농법을 가미하여 친환경 농업에 더욱 가속도가 붙었다.

농촌마을에서 주민들의 전폭적인 지지를 이끌어내는 것은 쉬운 일이 아니다. 정문찬 이장은 주민들을 마을회관으로 불러 모아 음식을 대접하며 교육에 참여하게 하고, 심지어 마을 어른들과 함께 고스톱을 치기까지 했다. 이런 정 이장을 보고 마을 사람들은 서서히 마음을 열기 시작했다. 처음 몇 년 동안은 마치 뭔가 꼬투리를 잡으려는 듯 마음이 철옹성처럼 닫혀 있던 사람들이 마음을 열자 정 이장은 정말 기뻤다고 한다.

오늘날의 한드미 마을을 만든 정문찬 이장을 만나 직접 이야기를 들어 보았다.

Q _ 공동체는 무엇이라고 생각하시는지요?
A _ 주민들이 같은 목표를 가지고 조화롭게 분배하는 것이지요.

Q _ 이장님께서는 어떤 계기로 이런 일을 시작하시게 되었습니까?
A _ 고등학교 졸업 후 1차로 농촌운동을 시도했다가 실패했습니다. 그 후 도시

에서 형님 사업을 돕다 잘 안 돼 떠나게 되었는데 다시 도시에서 무엇을 하기보다는 고향으로 돌아왔습니다. 제가 1차, 2차 귀향을 하며 시도했던 것이 농촌운동 성격이 강했다면, 현재 하고 있는 것은 마을 가꾸기 운동입니다. 마을을 아름답게 꾸미다 보니 뜻하지 않게 정부 지원도 받고 여기까지 오게 된 것이지요.

Q _ 실패를 경험하셨군요.

A _ 하하, 그전에 농촌운동 실패의 경험이 없었으면 지금의 성공도 없었을 겁니다.

Q _ 가장 힘들었던 게 무엇이었는지 얘기해 주실 수 있나요?

A _ 처음에 마을사람들이 저를 의심하고, 진심을 몰라줄 때는 정말 힘들었습니다. 오해였지요. 초창기에는 경제적 어려움도 컸어요. 돈이 없었거든요. 건물은 정부지원으로 만든다 해도, 그 외는 거의 투자가 없었기 때문에 사비를 모아 써야 했습니다. 행정, 재정, 주민과의 소통 등 그 어려움은 이루 다 말할수 없습니다. 지금은 어느 정도 자리를 잡았지만, 그래도 농촌에 젊은 사람이없다 보니 힘든 게 많네요.

Q _ 한드미 마을의 특징이라면 어떤 것들이라고 할 수 있을까요?

A _ 한드미 공동체의 특징은 역할 분담입니다. 식사준비팀, 상거래팀, 청소팀

등 역할이 잘 나누어져 있어요. 겉으로 보면 사람들이 마을에서 잘 움직이지도 않고 나오지도 않는 것으로 보이지만, 알고 보면 모두 자기의 역할을 충실히 담당하고 있습니다.

Q _ 친환경 농사를 지으려면 농산물 판매가 잘 이루어져야 가능한데 그 판매는 어떻게 하시는지요.

A _ 계약재배를 위해 노력하고 있어요. 마을 사람들에게 유기농 재배를 하도록 설득하고, 식당에서 그 유기농 농산물을 구매하게끔 하는 겁니다. 현재의 식당은 한드미 마을의 43가구가 생산하는 것을 모두 충당하고 있습니다. 이제 새 식당이 건설되면 오계리 310가구에서 생산되는 약 70%의 농산물을 모두 소비하게 됩니다. 나머지는 판매 등으로 소화하려 하는데, 아마 제 생각엔 오히려 생산물이 부족할 것으로 보입니다.

Q _ 계약재배는 잘 받아들여졌나요?

A _ 처음에는 계약재배시스템(조합원에 가입하는 조건으로서 이것은 하나로 묶기 위함이 목적이었다)이 불완전했어요. 하지만 시간이 갈수록 보완되었습니다.

Q _ 주민들 간 신뢰를 위해서는 분배도 중요하잖아요.

A _ 2005년에는 완전한 공동분배를 했는데 이듬해 작업량이 현저하게 떨어졌습니다. 노동 의욕이 저하된 겁니다. 그래서 바로 공동분배를 멈추고 접수제

를 도입했습니다. 모든 작업을 점수로 환산해서 분배를 하자 작업량이 상당히 향상되었습니다. 점수제로 하면 비록 1주일 통계는 작지만, 1년 후의 차이는 상당히 큽니다. 사람들이 굉장히 부지런해졌거든요. 하지만 식당에서 일을 맡고 있는 부녀회와 같은 경우 다른 의견이 있어서 제도를 바꾸었어요. 돈을 모두 부녀회에 위임하고 그 돈에서 자율적으로 재료비, 인건비를 충당한 후 수익을 분배하고 있습니다. 수입의 10%만 마을 사무실로 들어오도록 했어요.

Q _ 수입과 지출이 잘 맞지 않으면 어떡하지요?

A _ 그래서 새로 지어지는 큰 규모의 식당에서는 시스템을 다시 개선할 계획입니다. 급식소가 아닌 식당이기 때문에 경쟁력이 필요합니다. 거기에는 도시적 마음가짐을 가진 사람들이 필요합니다. 월급제를 실시하고 음식 재료값 등을 지정할 계획입니다. 그리고 남은 돈은 마을에서 분배하게 될 겁니다.

Q _ 마을 사람들 간의 끈끈함, 그러니까 유대감을 점수로 표현하신다면 몇 점이나 될까요?

A _ 10점 만점에 9점쯤이요. (웃음)

Q _ 그래도 마을공동체를 운영하면서 아쉬운 점이 있으실 텐데요.

A _ 아직도 이기적인 모습이 남아 있습니다. 예를 들어 어떤 손님이 와서 마을을 어느 정도를 가져오라고 하면 굵기, 품질 등을 핑계로 몇몇 가구는 적게 가

저옵니다. 협조를 구하는 일에는 문제가 없지만, 판매 등 자기 돈이 걸리면 이기적으로 변하지요.

Q _ 한드미 마을을 모델로 우리나라의 다른 농촌도 이렇게 발전했으면 좋겠습니다.

A _ 그렇지요. 지금까지는 모델이 없었어요. 모델이 있었다면 조금 쉽지 않았을까 생각합니다. 모델이 없어 굉장히 힘들었거든요.

Q _ 한드미의 10년 후 미래 전망을 말씀해 주시지요.

A _ 우리에겐 목표가 있어요. 첫째는 세계 최고의 생태마을을 만드는 겁니다. 농약을 치지 않고, 전봇대를 모두 땅속에 묻고, 하천이 오염되지 않는 그런 마을을 만드는 것입니다. 이것을 공동체 마을로 발전시키려 합니다. 둘째는 자급자족의 완벽한 구현입니다.

Q _ 한국 농촌의 10년을 전망하실 수도 있나요?

A _ 많이 변할 것입니다. 우리나라 농촌의 경우 선진국의 행적을 뒤따라가는 중입니다. 앞으로 농촌 관광이 훨씬 활성화될 거예요.

한드미 마을을 다녀 온 이후 우리는 자주 한드미 마을을 떠올리며 스스로에게 묻는다. 무엇이 한드미 마을을 자꾸 생각나게 하는 것일까? 그것은 주렁주렁 열렸던 옥수수나 깨끗한 냇물 등 평화로운 농촌 풍경 그 자체가 아니라, 희망 때문이라는 생각이 들었다. 마을에 가득했던 함께하는 희망, 잘살게 될 거라는 희망, 노력하니 점점 나아지고 있다는 희망, 행복하게 웃는 공동체를 만들어갈 수 있다는 희망. 그것이 자꾸 한드미 마을을 생각나게 하는 것이었다.

한드미 마을에서 여름철 봉사활동을 하고 돌아온 후 옥수수 한 자루가 이장님으로부터 택배로 배달되어 왔다.

Handemy Village
Finding hope in a Village Community

It has become quite common for rural areas to see people leaving, with very few young people remaining, and low income levels all around. Most farming areas in Korea suffer from similar problems, but there is a shining exception–Handemy Village in Danyang, Chungbuk Province.

The two of us took a bus in the summer vacation of 2009 to do some volunteer work. The bus ride took about three hours. The bus first went on the Jungbu Expressway, then the Yeongdong Expressway, before entering the Jungang Expressway. We got off at the North Danyang Exit and transferred to a local bus that took us into Handemy Village. The distance was about 40 minutes from the city of Jecheon.

It was a very peaceful village. There was a sign saying Handemy at the entrance and the atmosphere was bustling because of the children and parents who had come for the opening of the summer camp. The village seemed very vibrant. The head of the village came to greet us, showed us our quarters, and then explained the tasks set out for us. We were to clean the streets within the village and help take care of the elementary school children who had come to the camp.

There was sweat on our brows because of the summer heat, but whenever there was a cool country breeze, we felt very refreshed. The village food, shared by all in the canteen was delicious both at lunch and at dinner. What was really special for us was the starry night sky, when the whole sky seemed suffused with the light from the stars. This is an unusual sight for city dwellers, and we were enchanted by the star-filled night.

There are several special things about Handemy. A cool stream flows right by and is an important resource for the entire village. The water was so cold that it was hard to step into it even at the height of summer. Campers and adult visitors would swim there, catch fish, and even ride logs in the current.

Because there was so much water, it was easy to channel a small stream right into the heart of the village. The villagers had made a kind of old-fashioned laundry station there. In the past, village women would sit around the stream doing their laundry together, sharing stories and catching up on gossip. It was a kind of community center. A

Sights in and around Handemy Village.

water wheel was installed, and we were told that it was an old one that had been used in the village in the past. We could see with our very own eyes how useful clean water could be to the village.

There is a small bridge over the stream. There was a wooden sign on the bridge that read "Smile Handemy!" It had been made by the children at the camp. We could empathize with the simple illustrations and words drawn on the sign. There is a cave once you cross the bridge. There is an icy cold breeze from the cave even on the hottest summer day. Even if you don't go in, and sit just outside the cave, you can feel the coolest breeze. Thousands of bats make their home in this cave. In any case, what with the bats and the cold air, it is a very cool cave.

A Presidential Visit

Just around the time when Handemy was first becoming successful as a community project, the President of Korea visited the village on Saturday, May 21, 2005 in mid-morning. After a one-hour helicopter journey, President Roh Moo-Hyun took a 30 minute car-ride up the winding and hilly road leading into Handemy village, located in the heart of the Sobaek Mountains. The entire village was elated. A seventy-year old woman had put off her birthday feast in Seoul organized by her children to greet the President with her potato hot cakes grilled on the lid of the large cooking pot. All the villagers of this tiny village in such a remote corner of the nation came out to say, "Thank you for coming all the way here like this." The President replied, "I feel like I have come home!" In the three hours he spent at the village, he joined the other visitors who had come to experience life in the village in planting radish seeds and sweet potato vines. He said as he worked, "As a kid, I spent a lot of time planting sweet potatoes. We were so poor we had to eventually sell all the land we had, but our mother made the money to send us to school by planting sweet potatoes. I am reminded of my mother whenever I see a crop of sweet potatoes." He then spent some time fishing in the stream with the children.

Mr. Chung Moon Chan, the Head of the village, gave an overview of the changes in the village. In 2001, funded by a government project to create a village that could help city-dwellers experience farm life while building the infrastructure for a digital village, Handemy began the movement to incorporate 4 neighboring hamlets into one larger community. A broadly beaming President replied, "I am trying to think of a way of bringing rest and relaxation to people in the big cities through a re-organization of the entire land and its farming communities." He continued, "It is good for city-dwellers to re-discover their roots in the farmland, and I am confirmed in this belief by this visit. I have come to learn, and I have learned much."

President Roh and First Lady planting sweet potato vines at Handemy Village, May 21, 2005.

The President's words brought good cheer and courage to the residents. To commemorate the visit, the villagers inscribed the following words on a large stone tablet which still stands in the village: "A President who has an open ear for the song of the cricket and even a single drop of water."

The Role of the Village Head

The revival of Handemy cannot be explained without the important role played by its Head, Mr. Chung Moon Chan. A resident by birth, he too had moved to the city. He returned in 1978, charged with the determination to resuscitate his native village through organizing an active farming community. He tried to combine his community work with making a living from breeding chickens, but because of the failure of this business, he had to return to the city of Busan. He made his second return home, still fueled by the same desire, in 1998, 20 full years after his first return. This time he knew how difficult it would be to be successful in the enterprise of reviving his rural home.

He settled on the vision of creating an environmentally sustainable eco-village. Even as he began the process of organic farming, he began to devise programs that could create links between the city and the country. In the beginning, he was alone in taking up environmentally-friendly farming practices, but slowly his neighbors began taking notice and followed in his footsteps. Farming with the aid of mud snails was first begun in 2003, and within a few years, 100% of the farming in the village had incorporated this method. Duck farming took hold in 2004 and organic farming quickly became the norm.

It was not easy to receive the wholehearted support of all the village residents. Villagers were enticed to attend educational workshops in the community center with good meals served in the canteen. Mr. Chung also spent a lot of time getting to know everyone, even playing cards with the village elders. In a setting where there are very few young people, he was a very welcome member. It took several years for the wily residents to warm up and open up to him with their trust. Looking back on these years, Mr. Chung says, "There were countless times that it all seemed so hopeless. The hardest times were when the residents would say empty words, not meaning what they said."

Conversation with the Village Head

We asked the Head to answer some of the questions that we had.

Q _ What do you think defines a community?

A _ A community is where the members share the same goal and harmoniously share the responsibility.

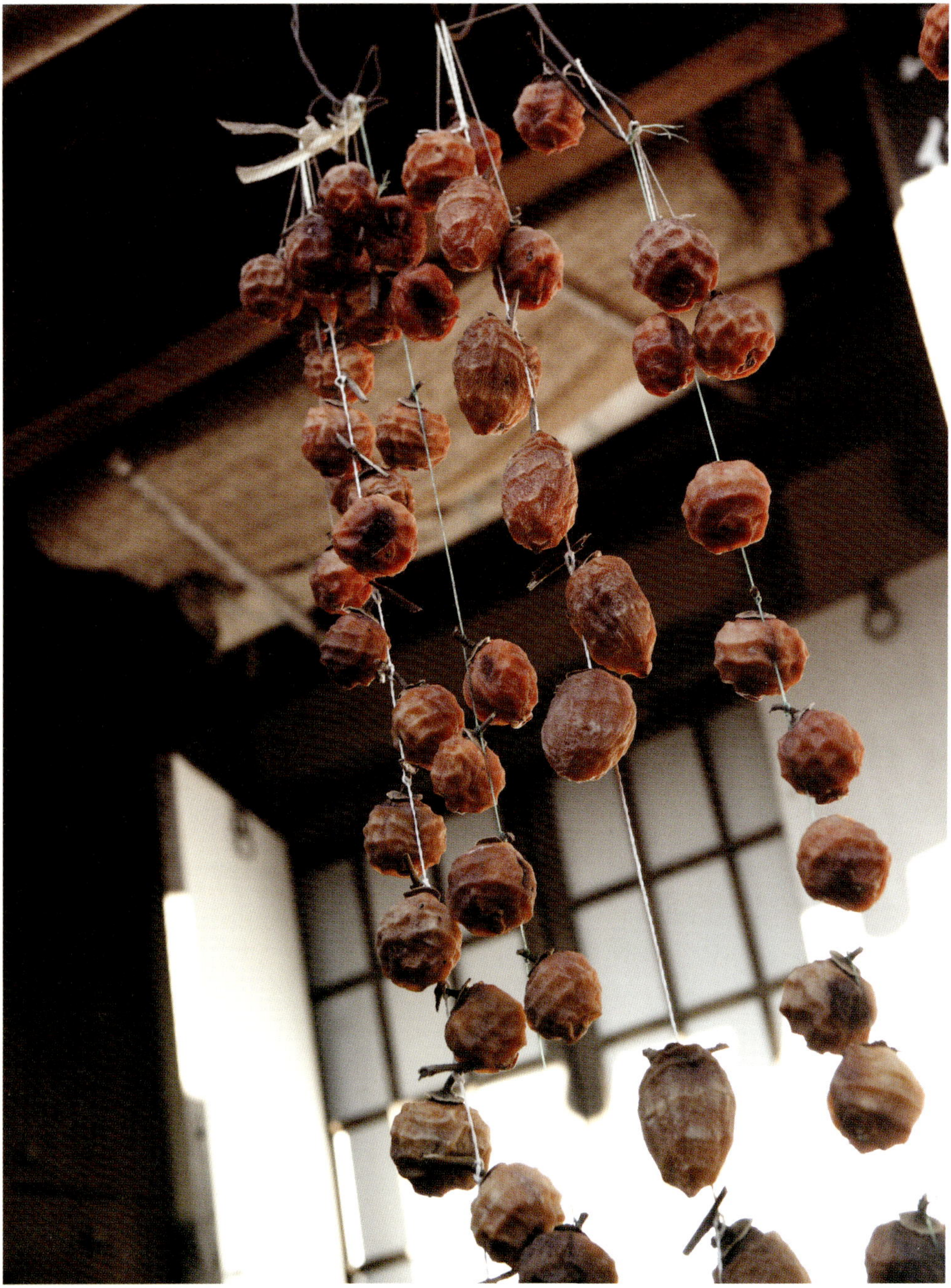
© Lee, Wan Ki

Q _ Why did you first take up the task of building this community?

A _ I first began this work of building a farming community upon graduating from high school. It was a failure. That was my first attempt. The second time, I was helping my brother's business which was not doing very well. I had to leave, and instead of returning to Busan, I came home to the village. If my first endeavors could be described as farming-community activism, my current work could be described as village building. We worked hard to make the village beautiful, and we received government funding in the process.

Q _ So your first attempt ended in failure?

A _ If there hadn't been that experience of failure, there would not have been this experience of success either.

Q _ Can you tell us what was most difficult in the process?

A _ It was really tough when the villagers were suspicious of my intentions and didn't understand that I had everyone's good in mind. The economic difficulties of the early years were tremendous as well. You see, we simply had no money. Although we were able to put up some buildings with government money, we had no other source of income and so we had to resort to collecting out of our own pockets. It would be hard to describe the combined difficulties of administration, finances, and communicating with the villagers. The biggest current difficulty is the sheer lack of young people.

Q _ What are the most distinguishing characteristics of Handemy Village?

A _ Our most important characteristic is that we share all the work. There is a team for preparing meals, a team for buying and selling, a team for cleaning—everything is shared. Although to a visitor it may seem that not much is going on in terms of interaction here, everyone is busily engaged in faithfully doing his or her share of the work of maintaining the village.

Q _ Is it true that you have to help in selling the organic produce from each farming household?

A _ Yes. This is why we are trying so hard to establish contract farming. We try to persuade villagers to engage in organic farming practices and promise to buy their produce at very good prices to supply our cafeteria The cafeteria currently buys up the entire produce from 43 households. Once our new restaurant opens, we will be able to buy up 70% of the produce from 310 household in the Ogye-ri region. The rest will be sold to outsiders, and I think there will be a shortage compared to the demand.

Q _ Was contract farming quickly accepted by the farming households?

A _ Before a cooperative was fully established, there were difficulties. But now that everyone is a member of the cooperative, things are improving.

Children at a Handemy Farm Experience Camp working with sesame.

Q _ Fair distribution of profits would seem important for building trust?

A _ Although we shared profits completely equally in 2005, there was a drop in production in the following year. I guess there was a lack of motivation. This is why we began the new process of distributing profits according to productivity. Once we began dividing profits based on productivity, the output began to greatly increase. Although the difference could be minimal on a weekly basis, the difference in income can be tremendous when we look at an entire year. People became much more industrious.

Meanwhile, complaints remained amongst the cafeteria staff and all kinds of excuses were made amidst much dissension. So we had to change how we operated the cafeteria. We gave all the money directly to the women who were running the cafeteria, and they were able to budget their own operation, splitting the profits amongst themselves. We only take 10% of their profits.

Q _ What happens when you are in the red and you spend more money than you make?

A _ This is precisely why we are trying to fine-tune the system as we work to complete the large new organic restaurant we are constructing so that it will truly be a restaurant and not just a caféteria. It will have to be competitive to be successful. We need people there who understand the tastes of city dwellers. We will decide on salaries, and we will decide how much to spend for ingredients. The profits will then be divided amongst the villagers.

Q _ On a scale of 1 to 10, how would you rate the solidarity of the village?
A _ 9.

Q _ What do you most regret?
A _ There is still a lot of selfishness. For example, when a consumer comes to buy some garlic, some households will bring less than they should, complaining about size, quality, etc. We have no problem eliciting cooperation, but when it comes to money in the pocket, the resistance still remains.

Q _ It would be really good if other farming villages in Korea could change and develop based on your model.
A _ You could say that there really has not been a model village before this. We had a really hard time because there were no models for us to follow.

Q _ What is your 10-year prospect for Handemy?
A _ We do have some goals. First of all, we want to be the leading environmentally-friendly village in the world. We don't want to use any pesticides, we want to bury all the power lines, we don't want to pollute

© Lee, Wan Ki

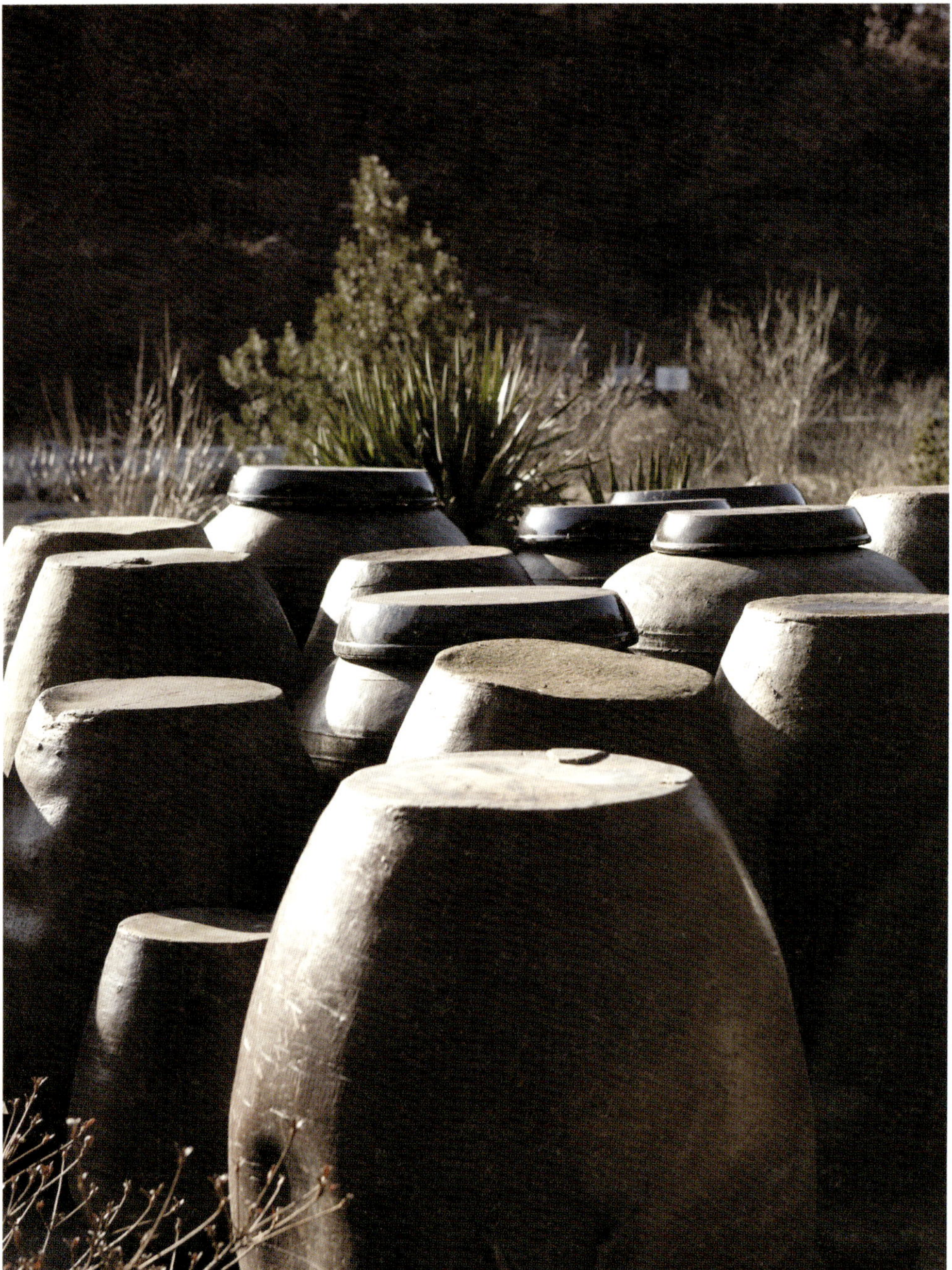

the streams and rivers. That is the kind of village we wish to build as a manifestation of community. Secondly, we want to be a perfectly self-sustaining, self-sufficient entity.

Q _ Can you also speak about the next 10 years in Korean farming?
A _ There will be massive changes. Our farms are now on the road to following the model of farms in the more economically advanced nations. There will be more visitors visiting farming communities.

It is hard to erase Handemy from our minds. What makes us keep on returning to Handemy? More than the farming, or the corn, or the clean stream water, it is the hope we saw there. The hope that filled the village that all would go well, that all would prosper, that all would improve with effort, the hope that it was possible to build a happy community–this is what makes Handemy unforgettable. A sack of corn was delivered to us from the village in return for our visit and our brief period of service there.

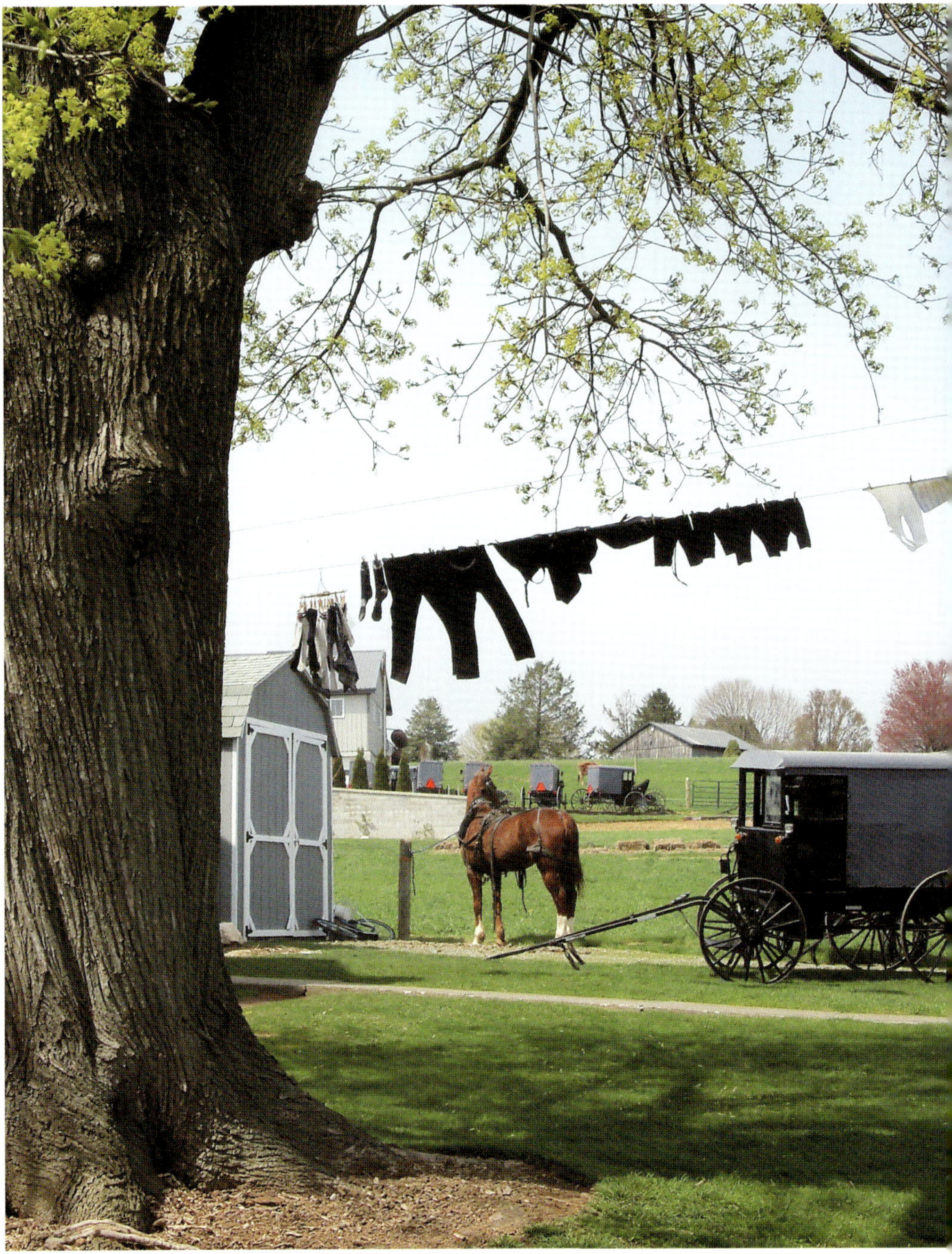
© 임세근

PART 03

아미쉬 공동체
Amish Community

현대 문명의 속도와 변화를 거부하며 순수한 마음으로 이웃과의 관계를 가꾸며 살아가는 사람들이 있다. 미국의 아미쉬 사람들이다. 미국은 세계에서 가장 발달된 나라이고, 가장 초현대적 기술과 힘을 가진 나라이다. 그런 미국에 현대 문명을 멀리하고, 옛날방식을 고집하며 사는 사람들이 있다는 사실은 매우 흥미롭다.

There is a community of people who maintain old-fashioned ties and customs in the face of the rapid changes of modern civilization. They are the Amish of America. America is the foremost economic power in the world and also the most technologically advanced. It is therefore even more remarkable that there is a community in modern day America that spurns the modern and abides by the time-bound tradition of its past.

단순하고 진실한 삶,
아미쉬 공동체

미국이라는 사회는 아주 다양해 보였다. 아버지를 따라 미국의 코네티컷 주 뉴헤이븐(New Haven)에 가서 머무는 동안 느꼈던 첫 인상이다. 우리나라에 비해 사람들의 피부색이 아주 다양했고, 옷차림도 자유분방했다. 음식도 태국, 인도, 중국, 일본, 한국 음식점이 모두 인기를 끌고 있었다. 미국식의 스테이크 집도 많았다. 아버지와 가장 자주 가던 곳은 뉴헤이븐 햄든 지역에 있는 아이호프(IHOP)라는 스테이크 집이었다.

미국은 무엇이든 풍족해 보였다. 식당에서 1인분의 음식을 시켜도 언제나 반은 남았다. 음식을 늘 남기기가 미안하여 식당 주인 몰래 음식을 비닐봉지에 싸서 나온 적도 있었다. 집에 고양이나 개를 키우는 것

소박한 농가가 아름답고 평화로운 아미쉬 마을.

도 아닌데, 음식을 항상 남기는 게 주인에게 미안해서였다.

미국 사회가 풍족하고 다양하다는 사실에는 모두가 수긍할 것이다. 음식뿐 아니라 자동차, 과일, 생활용품이 모두 풍족하고 다양했다. 그런데 이처럼 풍족하고 다양한 미국 사회에서 어느 곳보다도 절약과 근검, 소박한 생활을 실천하는 삶을 사는 사람들이 있다는 것이 나에겐 무척이나 인상적이었다.

한편으로는 미국 사회의 다양성이 정말로 순수한 사람들이 살아갈 공간을 보호해주고 있다는 생각도 들었다. 아마도 다양성이 존중받는 사회이기 때문에 풍요 속에서 근검을 삶으로 실천하는 사람들로 남아 있고, 또 다양한 혼란 속에서도 순수를 간직한 사람들이 살아갈 수 있는 것인지도 모르겠다.

다양하고 풍요롭게 살아가는 속에서도, 이제는 단순한 삶을 그리워하는 시대가 되었다. 속도와 변화를 따라 오랫동안 달려온 현대인들은 마음속으로 소박한 삶을 부러워한다.

아미쉬 사람들은 1693년 스위스에서 종교개혁을 이끌던 자콥 암만 (Jakob Ammann, 1656~1730)을 따르던 사람들의 후예들이다. 아미쉬는 '땅의 사람들'로 받아들여질 정도로 지금도 자연 속에서 옛날 방식으로 살아가는 사람들을 가리킨다. 그러나 그 이름의 연원은 암만의 이름을 본뜬 데서 유래되었다. 자콥 암만은 스위스의 기독교 일파인 재세례파(Anabaptists)를 이끌던 사람이다.

재세례파는 기독교의 종교적 신념과 교리에 좀 더 철저한 사람들이 모인 유파다. 특히 그들은 유아세례를 거부하고 어린이가 15~16세로 자랐을 때 신앙의 책무를 일깨우는 것이 옳다고 믿는다. 작은 차이로밖에 보이지 않는데 교회 내부에서는 이것조차도 커다란 차이였고, 양립할 수 없는 것이었나 보다. 어쨌든, 이러한 근본적 신념을 가진 지도자가 프랑스 알사스 지방의 자콥 암만 목사였다. 그를 따르던 사람들이 스위스 내에서 독일어를 사용하는 지역(현재 프랑스 일부인 알사스 지역)과 독일의 남부 지역으로부터 모여들었다.

아미쉬 사람들

미국 랭카스터 지역에 있는 아미쉬 공동체는 어떤 하나의 부족을 지칭하는 개념이 아니라, 삶의 방식과 종교적 신념을 공유한 사람들의 그룹을 지칭하는 말이다. 이들이 미국에 처음 도착한 것은 1737년. 처음 정착한 곳은 펜실베이니아 주 랭카스터 지역이었다. 이어 1815년부터 1860년 사이에 이주의 물결이 크게 일면서 아미쉬 공동체는 미국 오하이오 주와 아이오와 주를 포함한 20개 주로 확산되었다.

아미쉬 사람들이 살아가는 모습은 종교개혁을 벌이던 400여 년 전과 비슷하다. 특히 그들의 신념과 생활규범에서는 더욱 그러하다. 그들은

이른 봄 아미쉬 공동체의 풍경. 아미쉬 여자들은 장신구를 하지 않고 화장도 하지 않는다.

교회와 공동체에 대한 헌신을 일생의 맹세처럼 지키려 노력하고, 세속적인 현대문명을 거부하며 살아간다. 심지어 우리가 일상 생활에서 꼭 필요하다고 생각하는 자동차, 전기, 텔레비전, 전화 등까지 거부한다. 그들은 현대적인 기술과 변화를 대체로 환영하지 않는 것이다.

아미쉬 사람들이 그렇다고 현대적 기술을 전혀 이용하지 않는 것은 아니다. 이들이 조심하고 거부하는 것은 현대적인 기술 자체라기보다는 '소유'와 '우상'이다. 아미쉬 사람들은 자동차를 거부하지만 버스를 타기도 하며, 전화를 걸기도 한다. 그리고 이들은 사진 찍는 일을 대체로 좋아하지 않는다. 어떤 사람에게서 들은 이야기로는 사진을 찍고 거기에 집착함으로써 우상에 매달리는 것이 될 수 있기 때문이라고 한다.

남자들은 대체로 검은 색 멜빵바지에 단순한 색깔의 단색 와이셔츠를 입고 밀짚모자를 쓴다. 작업복 같기도 하고 외출복 같기도 한 소박한 옷이 그러나 제법 멋스러워 보인다. 여자들은 장신구를 하지 않고, 화장을 하지 않는다. 그런데도 아름답다. 많이 꾸미지 않아도 아름다울 수 있다는 것을 이들을 통해서 알 수 있었다. 세상에서 가장 화려하게 치장할 수 있었던 왕 솔로몬도 한 송이 백합보다는 아름다울 수 없었다는 기독교적 가치관이 반영된 게 아닐까 하는 생각이 들었다.

아미쉬 사람들의 주된 생활수단은 농업이다. 그들은 비료나 농약을 쓰지 않는 친환경 농사를 짓고 농산품을 판매함으로써 마을 공동체를 이

끌어나간다. 아미쉬 사람들이 생산한 농산물로 만든 음식은 부드럽고, 맛이 있었다. 비료나 농약을 쓰지 않았다는 것을 몸이 느끼고 즐거워 할 수 있었다.

아미쉬에서 손재주가 있는 사람들은 나무로 가구를 만들어 판다. 가구는 뽀얀 나뭇결이 그대로 보이는 매우 자연적인 것들이다. 또 어떤 사람들은 헝겊조각들을 꿰매는 퀼트작업을 통해 담요나 커튼 등을 만든다. 이 퀼트 제품들은 실용적이면서 매우 아름답다. 생활용품이 아닌, 예술작품이라는 생각이 들 정도로 경이로운 제품들도 있었다. 퀼트 제품들은 경매를 통해 판매된다. 어떤 집에서는 아주 맛있는 빵을 굽기도 했다. 그 집은 오가는 여행객들에게 매우 인기가 있었다.

아미쉬 마을을 돌아보면서 한 가지 궁금증이 들었다. 이곳 사람들은 옛날 방식으로 단순하고 소박한 생활을 하면서 엄격한 종교적 신념으로 살아가는데 현대인들은 그러한 삶을 싫어하지 않을까 하는 것이었다. 그리고 이곳에서 태어나고 자란 아미쉬의 젊은이들은 자신의 삶을 선택할 기회가 주어졌을 때 뉴욕 같은 도시로 다 도망가지 않을까 하는 궁금증도 일었다.

그러나 현실은 정 반대였다. 통계에 의하면 미국과 캐나다에 살고 있는 아미쉬 공동체 수는 2000년 16만5,000명을 조금 넘었는데 2008년에는 22만7,000명으로 늘어났고 2010년에는 24만9,000명에 달한 것으로 나와 있다. 최근 2년 동안 인구 증가율이 무려 6%를 기록할 정

도로 빠르게 아미쉬 인들의 수가 늘어나고 있는 것이다. 현재 오하이오의 아미쉬 마을에는 55,000명, 펜실베니아의 아미쉬 마을에는 51,000명이 살고 있다.

이처럼 아미쉬 인의 수가 늘어나고 있는 것은 다른 곳보다 아미쉬 마을에서는 많은 아이들이 태어난다는 점을 우선 들 수 있다. 아미쉬 사람들은 아이를 많이 낳기 때문에 인구 증가율이 높다. 인구 증가율이 연평균 4% 정도를 기록하고 있다. 아미쉬 마을에서는 결혼한 부부들에게 산아제한을 하지 않는다. 그러다 보니 한 가정에서 보통 여섯 명에서 여덟 명의 자녀가 태어난다. 물론 이들도 이혼은 할 수 있지만, 실제로 헤어지는 부부는 매우 드물다.

해마다 증가하는 아미쉬 인구 중 몇 퍼센트가 외부로부터 들어온 사람들인지는 정확하지 않다. 그러나 적어도 아미쉬 인구가 늘어나고 있다는 것은 아미쉬에서 출생하여 자란 젊은이들이 기꺼이 아미쉬 인으로 남는다는 사실을 말해준다.

아미쉬 마을에는 외부 사람들의 방문도 끊임없이 이어진다. 아미쉬 사람들이 외부 도시를 여행하는 일은 드물지만, 외부 도시인들이 아미쉬 마을을 방문하는 일은 언제나 있는 일이다. 무슨 특별한 일을 아미쉬 마을에서 하기 위한 것이 아니라 그저 그들이 살아가는 모습을 보고 싶어 찾아오는 것이다. 미국뿐 아니라, 전 세계에서 찾아오고 있다.

한국에서도 많은 방문객들이 찾아와 여행기와 사진을 인터넷에 많이 올려놓고 있다. 이 책에 아미쉬 사진을 쓰도록 허락해주신 임세근 선생님은 대표적인 아미쉬 팬이다. 임 선생님은 펜실베니아 지역에 사시면서 아미쉬 블로그(http://blog.daum.net/amish)와 아미쉬 관련 책을 출판하신 분이다.

자연에 대한 사랑, 그리고 평화

많은 사람들이 아미쉬 사람들이 타는 마차를 사진으로 본 적이 있을 것이다. 이것은 영어로 버기(buggy)라고 부르는데 생각보다는 값이 좀 비싸다고 한다. 그렇지만 말이 끄는 버기를 타는 모습을 실제 보면 정말 아주 평화롭고 공평하게 보인다.

현대 도시에서는 화려하고 큰 자동차와 평범하고 왜소한 자동차 사이에 차등이 크고, 그것을 타는 사람들 역시 서로 신분이 다른 것처럼 여겨진다. 또 몇몇 사람들은 걷잡을 수 없이 빠르게 속도를 내며 아찔한 광경을 연출하기도 한다. 그러나 버기는 같은 크기, 같은 모양이어서 버기만을 보고 차등을 느낄 수 없다. 150km의 속도를 내는 것은 애초부터 불가능하다.

안타깝게도 말이 끄는 마차도 이따금 자동차와 충돌하는 사고를 당한다. 속도와 운행방식에서 다르고, 안개가 낀 날의 경우는 더욱 위험하

마차 버기의 경매 시장에 나온 풍경. 버기를 타는 모습은 매우 평화롭고 평등하게 보인다.

기 때문이다. 사고가 나면 대부분 자동차보다는 버기가 피해를 당한다고 한다. 안타까운 일이다.

미국에 있는 랭카스터 아미쉬 사람들이 사용하는 언어는 독일어 사투리다. 유럽에서 미국으로 이주해 오기 전에 조상들이 사용하던 언어인 독일어를 계속 사용하고 있는 것이다.

학생인 내가 그들을 보고 가장 부러웠던 점은 그들이 학교 공부를 무작정 강조하지 않는다는 점이었다. 심지어 우리는 대학교를 반드시 가야 한다고 생각하는 데 반해, 그들은 고등학교 이상은 교육을 시키지 않는다고 한다. 그들을 보면서 우리는 너무나 오랫동안 학교 교육으로 인생의 긴 시간을 보내고 있다는 생각이 들었다. 초·중·고·대학을 졸업하고 대학원까지 마친 후 군복무까지 하고 나면 한국의 청년들은 어느새 서른의 나이에 도달하게 된다. 그러다 직장을 구하고 결혼을 하게 되면 금방 젊음이 가고 만다.

'이 고비만 넘기면 나중에 꼭 이루리라' 했던 어렸을 적 꿈들은 결국 기억조차 나지 않게 된다. 이것에 비한다면 아미쉬 사람들은 교육기간이 길지 않기 때문에 충분히 인생을 향유할 기회를 갖고 있다는 생각이 들었다. 적어도 열다섯 살 때부터 일을 하며, 스스로의 인생을 능동적으로 살면서 삶을 느끼기 때문이다.

국가에 대한 의존을 삼가려 하는 아미쉬 사람들

자연을 사랑하는 것은 모든 공동체가 같다. 아미쉬에서는 심지어 사람이 병에 걸려도 가능하면 자연요법을 쓰며 건강을 회복한다고 한다. 인위적인 것을 삼가고, 사람의 주체적인 노력을 믿으며, 공동체의 규범을 지키려는 마음은 자연히 국가의 과도한 간섭을 거부하는 방향으로 이어진다. 아미쉬 사람들은 정부가 간섭하거나, 심지어 지원하는 것도 싫어해 정부정책에 포함된 연금조차 거부한다. 그것으로는 인간이 행복해질 수 없다고 믿는 것이다.

그들은 정부의 사회보장혜택이나 보험을 거부한다. 그래서 미국 국세청은 1961년 아예 아미쉬 사람들은 세금을 내지 않아도 된다고 공표하기에 이르렀고 이러한 내용을 담은 법이 1965년 만들어졌다. 교육도 마찬가지다. 미국의 의무교육은 획일적이지 않고 각 주의 법률에 맡겨져 있다. 그래서 주마다 의무교육 연령이 조금씩 다르기는 하지만, 대부분 6세에서 16세까지로 정해져 있다. 아미쉬 사람들은 중학교 정도의 수준을 넘어서는 교육을 시키지 않으려 한다. 그래서 미국 대법원은 1972년 아미쉬 청소년들에 대하여 고등학교 의무교육으로부터 예외로 인정하는 판결을 내렸다. 관광객들에게도 개방되어 있는 아미쉬 학교의 시설은 아주 검소하고 소박하다.

아미쉬는 군 복무도 금하고 있다. 아미쉬의 평화를 사랑하고 추구하는 전통 때문이다. 군이 아무리 나라를 지킨다고 해도 불가피하게 전쟁의 주도자들이 되지 않을 수 없는 존재라고 생각하기 때문이다. 다행히 미국은 모병제를 택하고 있는 나라여서 이러한 원칙이 보호되고 있다. 만일 징병제를 택한 나라에서 이런 원칙을 지킨다면 아마 그들은 모두 범법자가 되고, 반국가적인 사람으로 전락할 수밖에 없을 것이다.

평화를 사랑하는 아미쉬 사람들은 법적인 소송을 금한다. 공동체 구성원들과 법적인 소송을 다투는 것을 금하는 것이다. 우리는 법이 사회의 갈등을 해결하는 수단이라고 굳게 믿고 있는데, 우리의 고정관념을 부정하는 좋은 예이다.

랭카스터에 겨울이 가고 봄이 오면 농사를 지을 준비로 바빠진다. 2월 말이 되면, 농기구와 종자재를 사고 파는 머드 세일(mud sale)이 열린다. 봄이 오기 직전, 겨울의 언 땅이 녹는 시점에 열리는 행사다. 머드 세일이라고 해서 혹시 진흙을 파는 행사인가 생각할 수 있지만, 진흙을 파는 행사는 아니고 농기구와 농기계, 마차, 건초와 퀼트 같은 것들을 판다. 여기저기에서 먹을거리도 팔고 서로 인사하며 안부를 묻는 모습이 아주 정겹다. 머드 세일이라는 말은 얼었던 땅이 녹으며 참가자들의 장화에 흙이 덕지덕지 묻기 때문에 유래된 말이다. 아미쉬를 떠나던 날, 동네 아주머니 한 분이 역까지 차로 데려다 주셨다. 그 분의 표정과 말씀, 그리고 행동에서도 소박함과 신실함을 읽을 수 있었다.

The American
Amish Community

The speed of change in the modern world makes us wish for a return to the simple life. The Amish people in America form a community that has resisted the rapid changes of modernity. America is the foremost economic power in the world and also the most technologically advanced. It is therefore even more remarkable that there is a community in modern America that spurns the modern and abides by the time-bound traditions of its past.

The Amish are the descendents of a Swiss leader of the reformed church, Jakob Ammann(1656-1730). Also known as "people of the earth," the Amish are a people who live in nature and maintain old-fashioned ways. "Amish" derives from the name of their founder,

Ammann, an early member of the Anabaptist church in Europe.

Anabaptists believed that baptism should be given not to infants but to youths of 15-16 who were able to understand the religious meaning of the rite. The history of the early Protestant movement reveals the enormous significance that such seemingly minor doctrinal details had for the fervent believers. Ammann's followers flocked from the regions neighboring his ministry in the Alsace region of France, the German speaking regions of Switzerland and the south of Germany.

A Simple and Faithful Life

America is a very diverse country. That is what I discovered when I went with my father on his sabbatical to New Haven. Compared to Korea, the people are from many racial backgrounds, and the way they look and dress was also very different and informal. Thai, Indian, Chinese, Japanese and Korean restaurants were all ubiquitous and popular. There were of course many steakhouses too. The restaurant Dad and I most often went to was the IHOP in the town of Hamden near New Haven.

For me, America seemed to be the land of plenty. At the restaurant, a single serving was always so large that half of my food was left uneaten. I felt so guilty that I couldn't eat the entire meal, I would sweep the remainders into a plastic bag to take home. I didn't have a cat or dog at home, but I always felt sorry that I was leaving so much food on my plate.

Most would agree that America represents the land of diversity and plenty. There is a plethora of things, fruits, products, cars, everything. For me, the Amish seemed extraordinary because they could maintain a life of simplicity amidst so much abundance and diversity. It also occurred to me that because America is such a diverse country, it was able to maintain a space for the Amish lifestyle of economy and old-fashioned simplicity amidst so much bustling activity. The Amish were one of the many different strands of a truly multi-cultural society. This was what I realized when I visited the Amish community in Lancaster County, Pennsylvania.

The Amish People

The Amish are not a single ethnic group, but rather a group of people bound by their common religion and philosophy of life. The earliest Amish settlers came to America in 1737. They settled mainly in and around Lancaster County, Pennsylvania. A second wave of Amish immigrants came to America between 1815 and 1860. Amish communities spread to Ohio, Iowa, and twenty other states.

Springtime and traditional plowing in an Amish village.

© Yim, Se Keun

Horses are still used for farm work and for carriages. Scene of a horse auction.

The life of the Amish today is not very different from their lives in the times of the Reformation 400 or 500 years ago. Their beliefs and life practices are even more tradition-bound. They take it as their life's commitment to live for their religion and for their community, and they resist all the advances of modernization. They do not ride cars, do not use electricity, and do not watch TV. They do not welcome the technological transformations of the modern world.

This is not to say that the Amish spurn all modern technology. What they are resisting and what they are truly wary of is the culture of possessive individualism and consumer fetishism. While they do not drive cars, the Amish do take the bus, and they do make phone calls. They don't like to take photographs, however. I was told that this is because an image can become an idolatrous symbol if one becomes too attached to it.

Amish men usually dress in simple shirts and dark overalls, and they wear wide-brimmed straw hats. The women do not wear any ornaments and do not use any make-up. Their working day clothes are very simple and look rather formal and smart in some aspects. They made me think that people don't have to be fancy to look beautiful. They seem to reflect the Biblical teaching that even the most splendid clothing of King Solomon cannot outdo the splendor of the lilies of the field.

Their main income derives from farming. The Amish do not use fertilizers or pesticides and so have always been engaged in environmentally-friendly farming practices. The food we ate while we were visiting was simple but delicious. We could feel that the food we were given was genuinely wholesome for the entire body. People with a talent for handiwork were occupied with woodcraft and carpentry. They produced furniture that revealed the natural grain and texture of the wood they used. There were also quilters involved in making curtains and quilts from colorful pieces of cloth. Their work included very simple colorful pieces as well as astounding artworks of great sophistication and beauty. There were homes that were busy baking breads that were popular with the visiting tourists. As we were looking around the Amish village, I became curious about something. Weren't there members who did not like this old-fashioned way of life, this insistence on tradition and simplicity? Did the young Amish leave this community and escape to cities like New York to find new opportunities?

What I discovered was the opposite. The Amish are growing in number. While the number of Amish in the United States and Canada was roughly around 165,000 in 2000, these numbers had grown to 227,000 in 2008 and 249,000 in 2010. Married couples do not undertake any family planning. Most families have between six to eight children. They can divorce, but it is very rare for couples to split up. The main reason for the growth of the Amish population can be explained primarily by their extremely high birthrate. It is hard to know how many outsiders join their ranks annually. But one thing we can see from these figures is that the majority of Amish youth decide to remain within their community as they achieve adulthood. This was confirmed by what I heard from them directly.

There is a constant stream of visitors to the Amish community. The Amish themselves rarely travel to outside cities, but they continuously receive guests who stream into their villages. These visitors come not because there is anything extraordinary to see, but because they see that there are people who continue to live outside the mainstream. These visitors come not just from America, but from around the world. There are many visitors from Korea also, and their photos and impressions can be found on many blogs. Mr. Se-Geun Lim moved to Pennsylvania from Korea and has written a book on the Amish and maintains his own blog about the Amish way of life. He has generously allowed us to publish his photos in this book.

The Love of Peace and Nature

Many have seen the Amish travelling in their old-fashioned horse-driven buggies. These buggies are more expensive than you would think according to the locals. Although it may be a rather expensive mode of transportation, the image of the buggy is one of peacefulness and equality. There is a sharp distinction between expensive and fast cars and little modest cars in the modern city. There are also those who drive too dangerously, with too little restraint.

Unfortunately, there are sometimes accidents when cars drive into buggies. The difference of speed and power makes it an uneven match, and foggy days can be especially dangerous. Buggies are usually much more damaged than cars when such accidents do take place and this is really rather sad.

The language that the Amish in America speak is a kind of Swiss German dialect. They continue to speak in the language of their ancestors. What I envied them most was the Amish children's freedom from too much emphasis on their studies. I heard that they don't send their children to high school. It seems to me that we spend too much of our lives in long years of study. Korean youth who complete primary and secondary education go on to college, and graduate school and even the army and are only done when they are around thirty. So when they get employed and get married, they don't have much of their youth left. The early dreams of childhood to fulfill one's true desire become long forgotten. Compared to us, the Amish who do not invest so much time in education, have so much more of their real lives to live and enjoy. From the age of 15, they are already working and actively determining their own paths of life.

Refraining from Reliance on the State

Love of nature is a common thread shared by all community movements. Amish tradition has always favored respect and love of nature. Even when a person falls ill, natural remedies are sought over modern medicine. All artificial methods are spurned and since self-reliance and community are the primary values, there is a natural resistance to too much state interference. The Amish do not welcome state interference even if it is in the form of support or benefits, and they refuse to accept any state money. They seem to believe that reliance does not lead to human happiness. Because they refuse social security and state benefits, they are exempt from social security taxes as of 1961. This policy was passed into law in 1965.

The same holds for obligatory education. American education policy is quite flexible and varies from state to state. This is why the age for obligatory state education differs slightly for different states, but the general requirement is for all children from 6 to 16 to receive schooling. Because the Amish do not want to school their children beyond middle school, the United States Supreme Court decided to exempt Amish youth from high school education in 1972. The one-room schools of the Amish open to tourists and visitors reveal their characteristic simplicity and frugality.

Their dislike of state dependence and their desire for

independence goes even further. Amish tradition forbids military service. Even though the army defends the nation, they do not want to be involved in any instigation of war. This philosophy derives from the Amish people's love of peace. This tradition can be respected in the United States which does not have a policy of obligatory military service. In a country where military service is obligatory, people of such principles can only become renegades outside the bounds of the law.

We can also read the Amish people's love of peace in their refusal to engage in any kind of legal litigation. It is forbidden by their community to engage in any kind of legal battle with members of their community. They refuse to rely on the law as a guarantor of their peaceful social existence.

When winter goes and spring comes to Lancaster County, the people busy themselves in preparation for sowing. They have a mud sale towards the end of February where they buy and sell farming equipment and seedlings. The mud sale takes place as the frozen ground begins to thaw just before the coming of spring. So the sale is not for mud, but for farming equipment, buggies, dried goods and quilts. Delicious foods are on sale and people are busy warmly greeting one another and asking after each other's wellbeing. Their boots become muddy from the melting earth and this is why they call it the mud sale.

PART 04

토고미 마을
Togomi Village

농촌마을이 해체되는 추이 속에서 공동체의 싹을 자라게
하는 마을로 토고미 마을이 있다. 토고미 마을은 우렁이농
법으로 쌀을 재배하기 시작해 쌀, 고추, 감자 등도 친환경
품질인증을 받았는데 토고미 마을에서 생산된 브랜드 쌀
'토고미 우렁이농쌀'은 도시인들로부터 각광을 받고 있
다. 특히 우렁이농축제 등 도시민과 농어민이 함께하는 다
양한 프로그램은 농촌마을의 새로운 모델로 외국에서도
벤치마킹을 할 정도다.

Even as farming communities disappear, there is a village
that is striving to rebuild strong communal ties. Togomi
grows rice, peppers, and potatoes with the help of mud snails,
and their local brand of rice marketed as 'Togomi Snail-
Farmed Rice' is highly acclaimed by city dwellers. There are
numerous festivals and programs that link city and farm and
Togomi has become a new model of agricultural community
around the world.

강원도에서 공동체의 희망을 찾다,
토고미 마을

한겨울 추위가 심하던 2009년 12월 31일, 강원도 화천의 토고미 마을을 방문했다. 농사일이 한창이던 여름에 가보고 싶었으나 생각보다 방학이 짧았다. 그래도 해가 가기 전 토고미 마을을 둘러보고 싶었다. 겨울, 토고미 마을로 가는 길은 하얀 눈으로 덮여 있었다.

서울에서 대중교통으로 토고미 마을에 가는 방법은 청량리에서 기차를 타고 춘천으로 가서 토고미 마을로 들어가는 버스를 타거나, 동서울터미널에서 화천읍까지 간 후 화천읍에서 토고미 마을로 들어가는 버스를 타야 한다. 우리는 화천읍을 거쳐 승용차를 얻어타고 갔다.

우리가 토고미 마을에 도착했을 때 마을은 온통 하얀 눈 속에 파묻혀 있었다. 마을이 긴 겨울잠을 자는 듯 조용했다. 토고미 마을은 화천군

산자락 아래 양지바른 곳에 자리잡은 토고미 마을 전경.

상서면의 신대리, 신풍리, 구운리, 장촌리 지역 일대를 일컫는 말이다. 4개의 리로 구성되어 있는데, 4개 마을 중 하나인 신대리에서 이름이 유래되었다. 신대리는 옛날 신풍리에 속한 마을로 어귓마을이라 불렸다. 그러다가 동리(洞里)가 커지면서 1956년에 토고미, 느릅제기, 작은 토고미를 병합하여 신대리라 불리게 되었다.

토고미라는 이름의 유래를 보면 이 마을이 전형적인 농촌 마을이라는 것을 알려준다. 예부터 이곳은 기름진 옥토가 많아 부자가 많았는데, 농사일을 하고 나면 품을 판 사람들이 꼭 쌀로 품삯을 받아 토고미(土雇米)라는 이름이 붙여졌다는 것이다. 실제 토고미 마을은 산자락 아래 양지바른 곳에 자리잡고 있으며, 북한강 지류인 파포천의 맑은 물과 비경을 자랑한다.

토고미 마을은 우렁이농법으로 쌀을 재배하기 시작하여 고추, 감자 등 밭농사까지 친환경 농법으로 재배, 모두 제품에 품질인증을 받았다. 특히 토고미 마을에서 생산된 '토고미 우렁이농쌀'은 자체 브랜드를 갖고 도시민들로부터 각광을 받고 있다. 뿐만 아니라 2000년부터는 도시민과 농업인이 함께하는 도·농 교류를 추진, 매년 우렁이농 축제, 농작물 수확, 농촌문화체험 등의 프로그램을 운영하고 있다. 마을 안에 있는 폐교를 임대하여 숙박시설을 갖추고 자연학교도 운영하고 있는데 도시에서 온 아이들은 이곳에서 밤하늘의 별을 세고, 풀벌레 소리를 들으며 다양한 농촌체험을 한다.

지금의 토고미 마을을 이야기하면서 한상렬 운영 위원장을 빼놓고는 이야기할 수 없다. 일찍이 공동체 마을 만들기의 필요성을 깨닫고 토고미 마을의 토대를 마련한 사람이 바로 한상렬 위원장이다.

한 위원장이 토고미 마을로 귀농하게 된 사연은 남다르다. 토고미 마을에서 태어난 한 위원장은 마을에서 가까운 화천읍내 농협에서 오랫동안 근무했었다. 그런데 1996년 그만 위암 판정을 받고 만다. 병을 치료하기 위해 직장을 그만 둔 그는 발병 3년 후인 1999년 고향으로 돌아온다.

절망하며 찾은 고향에서 그는 다시 건강을 회복하면서 희망을 찾았다. 그리고 자기가 희망을 찾은 것처럼 고향 마을도 새로운 희망을 찾게 하고 싶었다. 1999년, 한 위원장은 마을 주민 3명과 '토고미 환경농업작목반'을 구성하여 1ha의 농지에 무농약 오리쌀 재배를 시작하였다. 바로 오늘날 토고미 마을의 첫 걸음이었다.

한 위원장은 천성이 밝고 온화한 분 같았다. 온갖 어려움을 겪어 왔을 텐데도, 전화로 대화를 나누는 내내 밝고 온화한 미소를 잃지 않았다. 바로 그러한 마음이 토고미 마을을 있게 한 힘이 아닐까 하는 생각이 들었다. 한 위원장님을 만나 지금의 토고미 마을을 만들기까지의 이야기를 들었다.

Q _ 토고미 마을의 현재 규모는 얼마나 되나요?

A _ 2011년 현재 78가구 정도 됩니다. 귀농을 해서 들어온 가구가 4~5 가구지만, 가구 수가 크게 늘어나는 추세는 아닙니다.

Q _ 여기까지 오시면서 제일 어려웠던 점은 무엇이었습니까?

A _ 밥을 굶고 집안일도 못하면서 마을 일을 하는데 마치 죄인 취급을 받는 것이었습니다. 다 돈이 걸려 있는 일들이니까요. 적자가 나든 흑자가 나든 어려웠어요. 또 누구 잘되면 싫어하고 하는 게 보통이니까요.

Q _ 주민과의 관계가 제일 힘들었다는 말씀이군요.

A _ 네, 가장 힘들었던 일은 주민들을 설득하는 일이었습니다. 부자지간에도 사업을 하면 의견이 엇갈리는데, 주민들이 평생 해 온 관행을 바꾸고 한 번도 보지 않았던 방향으로 참여하게 하는 일이 힘든 일이었습니다.

Q _ 농촌 지역이라 더 그랬다는 말씀처럼 들립니다만….

A _ 농촌은 농민들만의 특성이 있습니다. 자존심이 있지요. 농민들의 장점도 있지만, 자존심이라는 특성이 공동체로의 이행을 어렵게 하는 요인으로 작용하기도 합니다.

Q _ 현재 이장은 이정춘 선생님이 맡고 계시던데 선생님께서는 어떤 역할을

하고 계신지요?

A _ 사실 지난 5년 정도 마을 일을 안 했는데 2011년 4월, 마을 회의에서 제 마음대로 하라는 결정을 내렸어요. 이장님은 마을의 행정만 전담하고, 저는 마을의 법인대표가 되어 일하는 것으로 결정한 것이지요. 법인대표라는 것은 곧 경영을 책임진다는 것인데, 마을이 약간 적자로 기울 가능성이 있어서 급히 결정을 내릴 수밖에 없었습니다.

Q _ 지금까지 너무나 많은 일을 해오셨는데 사회적으로 인정을 받으신 게 있는지요. 예를 들면 어떤 상이라도 받으신 적이 있으신지요?(웃음)

A _ 네. 여러 가지 상을 받았습니다. 녹색경영대상, 훈장 같은 것이지요.(웃음)

Q _ 앞으로 한국 사회에서 공동체 운동의 전망을 어떻게 보시는지요?

A _ 공동체라는 것은 의견이 모두 같아야 한길로 갈 수 있어요. 쉽지 않은 일입니다. 그래서 공동체 대부분이 종교를 바탕으로 하고 있는 이유이기도 합니다. 종교는 모든 것을 초월하니까요. 따라서 공동체를 하려면 종교가 아니면 법인으로 하든지 아니면 순수한 개인이 할 수밖에 없어요.

Q _ 화나고 서운한 일도 많고, 절망도 많았을 텐데 그걸 다 어떻게 극복하셨나요?

A _ 오랫동안 신앙생활을 하면서 배운 게 참 많습니다.

Q _ 공동체를 만드는 데 신앙이나 종교의 힘을 높이 평가하시는군요.

A _ 저는 신대순복음교회 장로입니다. 우리나라 문당리, 한드미, 부레미 마을 등 대표적인 마을 지도자들이 대개 기독교인들입니다. 요즘 같은 이익추구사회에서 누가 힘든 일을 하려 하겠습니까. 모세 같은 경우도 이스라엘 민족을 출애굽 시키는 게 목표였는데, 결국은 자기들 좋게 해주려는 그 사람들로부터 원망을 들었지요.(사실 한 위원장이 종교와 신앙을 언급한 것은 뜻밖이었다. 그는 공동체 마을 만들기의 어려움을 언급하면서 종교의 기여 가능성을 분명히 지적한 것이었다.)

Q _ 선생님도 유사한 어려움이 많이 있으셨나 보군요.

A _ 다리만 건너가면 모두가 저를 인정해주는 사실에 대해서도 동네에서는 인정받지 못하는 게 많지요.

오리에게 농사를 짓게 하는 '오리농법'

친환경 농업이라는 것은 엄청난 땀과 노력을 요구하는 일이다. 논밭에는 풀이 끝없이 자라고 또 곡식에는 병충해가 생긴다. 논밭의 잡초를 죽이기 위해 제초제를 쓰는데 제초제는 아주 독하다고 한다. 제초제가 얼마나 독한지, 논밭에 뿌려진 제초제가 해독되는 데에는 몇 년이 걸

린다고 한다. 병충해를 막는 것도 마찬가지다. 곡식에 병충해가 들끓으면, 한 해 농사를 망치기 일쑤다. 그래서 농민들은 농약을 사용한다. 농약을 사용하지 않고 농사를 짓는 일은 많은 땀을 요구하는 것이다. 어떤 의미에서 농부가 순전히 손과 발로 풀을 뽑고 벌레를 막아내는 데에는 한계가 있다. 체력의 한계, 일손의 한계 때문이다.

토고미 마을은 이러한 문제를 극복하기 위해 초기에 오리농법을 도입하였다. 오리를 논밭에 풀어놓으면 병충해를 잡아먹고 흙을 헤집고 다녀, 땅을 기름지게 하기 때문이다. 오리의 배설물은 땅에 거름이 되기도 한다. 말하자면 오리가 농사꾼인 셈이다. 이처럼 오리는 친환경 농업으로 전환하면서 일손이 부족한 문제를 해결하는 데 해법이 될 수 있었다. 여러 해 농사꾼 오리를 활용한 후 토고미는 최근에 우렁이를 활용하는 농법을 도입하고 있다.

친환경 농업으로 전환하려 할 때 제기되는 또 하나의 문제는 판로 확보이다. 어렵게 친환경 방식으로 곡식을 수확해도 마케팅이 저절로 되지 않기 때문이다. 친환경 곡식의 가치를 알려야 하고, 또 좋은 가격에 소비하는 사람들을 찾아내야 한다. 좋은 의도를 가지고 시작하는 많은 친환경 농가들이 바로 이 판로가 어려워 포기하는 사례도 적잖다.

토고미 마을에서는 이를 해결하기 위하여 '나눔의 농사가족' 체제를 만들었다. 말하자면 '토고미가족 시스템'을 운영하는 것이다. 토고미

토고미 마을에서 생산한 자체 브랜드 쌀 '오리농군 우렁각시'.

가족은 마을의 농산물을 소비하는 소비자가 회원이며, 누구나 회원으로 가입할 수 있다. 토고미가족은 농사에도 직접 참여할 수 있다. 직접 농사를 짓는 것이 아니라 농사꾼 오리를 통해서다.

오리농법으로 농사를 지을 당시, 토고미가족은 농사일에 직접 참여하지 않는 대신 오리농군 15마리를 공급하고(약 35,000원 상당), 가을에 햅쌀 8kg을 받는 시스템을 택했다. 그리고 다른 농산물을 구매할 때나 농촌 체험 프로그램에 참여할 때 할인을 받도록 했다. 또, 가을에 열리는 논두렁 음악회에도 초청하는 등 정말 가족처럼 함께했다. 그 결과 2011년 현재 토고미가족에 가입한 나눔의 가족 회원은 약 4만 명, 가구 수로는 1만 가구쯤 된다.

'토고미가족 시스템'은 토고미 마을 입장에서는 많은 사람들의 관심과 지지를 확보하고 판로를 확보하는 수단이 되었고, 소비자 입장에서는 나눔의 농사가족이 되고 믿을 수 있는 먹을거리를 안전하게 구입할 수 있다는 실속을 양쪽 모두 함께 누릴 수 있는 시스템이 된 것이다.

도농교류를 통한 활로 개척

한국에서 농촌의 생존은 도시와의 교류에 달려 있다. 이것은 한국뿐 아니라 세계 어느 국가에서도 마찬가지일 것이다. 도시도 마찬가지다.

도시의 생존도 본질적으로 농촌과의 협력에 달려 있다. 농촌은 도시에 식품을 제공하고, 도시는 농촌에 생필품들을 제공할 수밖에 없는 시스템이기 때문이다.

2002년 농협 팜스테이 마을에 선정된 토고미 마을에 삼성전기 일행이 몇 차례 다녀갔다. 이 인연으로 2005년 토고미와 삼성전기는 전국 최초로 '1사1촌' 결연을 맺었다. 삼성전기는 토고미 마을에서 사원과 가족들의 농촌체험활동을 전개하는 한편, 5,000여 명이 근무하는 수원 본사 식당에서 토고미 농산물을 사용하기도 했다. 이것은 두말할 나위 없이 토고미를 한 단계 발전시키는 계기가 됐다. 농촌관광 활성화뿐만 아니라 부족한 일손도 해결하고, 판매까지 해결됐기 때문이다.

현재 토고미 마을에서 생산되는 친환경농산물 중 85%는 전국의 1만 가구가 넘는 토고미가족에게 배달되고, 나머지 15%는 삼성전기와 한림대학교, 농촌경제연구원 등 자매결연 기관에 배달된다.

도농교류는 축제를 통해서도 이루어진다. 2000년 처음 '토고미 오리쌀 축제(일명 오리농축제)'를 열었을 때는 불과 150명이 참석했으나, 다음해인 2001년 2회 축제 때는 10배에 가까운 1,200명의 도시민이 토고미 마을을 찾아 함께 축제를 열었다. 그리고 해가 갈수록 방문객 수는 늘어나 2011년 현재 연간 1만7천 명이 찾아오고 있으며, 이 중에는 외국인도 적잖다.

토고미 마을의 활발한 도농교류에 인터넷도 한몫 한다. 2003년 새농

토고미 마을의 한 농부가 경운기로 논을 일구고 있다.

어촌건설 공모 당시 구축한 마을 홈페이지를 통하여 농산물 직거래를 실시하고 있는데, 이 역시 활발하게 운영되고 있다. 특히 농산물은 카드결제가 쉽지 않음에도 불구하고 카드결제를 가능하게 함으로써 도시 사람들이 더욱 편리하게 이용하고 있다.

마을기업으로서의 영농조합

공동체 마을 만들기를 지속가능하게 이어갈 수 있느냐는 얼마나 경제적인 소득원을 확보하느냐에 달려 있다. 지역의 자원을 활용하여 지속적으로 경제 성장을 해야만 마을 만들기가 계속될 수 있기 때문이다. 토고미 마을은 친환경농업, 농촌체험 관광, 축제 등을 통하여 마을의 경제적 성장점을 찾고 있다.

토고미 마을의 80여 가구 중 전업농가는 57가구이고 나머지는 군인 등 다른 직업을 갖고 있는 주민으로 구성되어 있다. 외지인의 비중이 높아 다른 농촌 마을에 비해 외지인에 대한 배타적인 성향이 오히려 적기도 하다. 농작물의 재배와 판매는 영농조합법인을 만들어 집단적으로 협력하여 수행하고, 이익을 공정하게 나눈다. 그리고 개별농가와 토고미 영농조합법인의 역할 분담이 명확하다.

마을의 전업농가 모두가 가입해 만든 토고미영농조합법인은 친환경으

토고미 마을을 찾은 어린이들이 모내기 체험을 하고 있다.

로 재배한 농산물 판매를 담당하고 있다. 작목반을 통해 생산한 농산품을 영농조합법인을 통해 판매하는 것이다. 신뢰성을 위해 오리쌀은 자체 등급제(특등, 1등, 2등)를 시행함으로써 자율적 품질 관리를 단행하였다. 등급 당 가격편차는 정곡 80kg을 기준으로 9천 원 정도이다.

토고미 오리쌀은 친환경으로 분류되어 높은 값을 받을 수 있다. 20kg 당 7만9천 원 꼴로, 일반 쌀이 4만 원 가량 하는 것에 비해 가격이 높지만 직거래를 통해 전량 판매되고 있다. 오리농법 재배면적은 3ha에서 출발해 2011년 현재 25ha에 이르고 있으며, 동네에서 30가구가 친환경 농사에 참여하고 있다.

마을에 일들이 많아지자 토고미 마을은 2004년 2천만 원의 연봉계약으로 마을 사무국장의 상근제를 도입하였다. 2011년 현재는 세 명의 사무국장이 근무하고 있다.

현재 토고미 마을 이장은 이정춘 씨. 이정춘 이장 역시 대우전자서비스에서 일하다 귀농한 경우인데, 그의 직장 경험은 토고미 마을을 정보화하는 데 크게 일익을 하고 있다.

온통 흰눈이 덮인 토고미 마을회관에서 이정춘 이장님을 만났다.

Q _ 이장님은 여기가 고향이시지요? 어떻게 고향에 남게 되셨는지요.

A _ 고향이지요. 스물다섯 살 때부터 마흔까지를 타향에서 보내고 2000년도에 들어왔지요. 고향에 돌아오기 전에는 구미의 대우전자서비스에서 오랫동

안 일했어요.

Q _ 왜 들어올 결심을 하셨나요?

A _ 직장 스트레스가 싫었어요. 내가 족구를 잘해 그 동안에도 고향 체육대회에 종종 참석해 왔어요. 그런데 2006년 1월 7일 그만 교통사고로 다리를 다쳐 장애 3급 판정을 받았습니다. 2년 간 병원생활을 했는데 아직도 후유증이 있고 재판도 끝나지 않았어요.

Q _ 토고미가 주목을 받게 된 것은 언제 어떤 계기였는지요?

A _ 토고미가 본격적으로 주목을 받기 시작한 것은 2003년부터였습니다. 오리농법 시행이 발단이었어요. 2001년 새농촌 건설 자금으로 정부에서 5억 원을 받고, 그 후 농촌마을 종합개발사업으로 70억 원을 받았어요. 2003년부터 2005년까지는 한상렬 이장님이 수고했고, 2006년부터 이후 3년간은 이승희 이장님이 애썼지요. 그런데 2008년 마을에 자기 몫을 챙기려는 사람들 때문에 분열이 있었습니다. 내 것을 챙기려고 하면 분열이 나는 법이지요.

Q _ 마을 사람들은 그동안 얼마나 잘 살게 되었나요?

A _ 1999년 1천만 원에도 미치지 못했던 농산물 직거래 판매액이 5년 만에 무려 5억 원으로 증가했습니다. 물론 직거래 금액만 이 규모이므로 개별 농가의 소득과 다른 판매는 이보다 훨씬 많을 것입니다.

© 김동수

토고미 마을의 오래된 풍경이 정겹기만 하다.

Q _ 해마다 여기에서 산천어축제도 열리는 것으로 알고 있는데, 산천어축제 때는 사람들이 얼마나 찾아오나요?

A _ 2009년인가, 가장 많은 사람이 찾아온 날 방문객 수를 세 보니 250명이었습니다. 그런데 2010년 들어서는 그 정도 규모로 사람들이 찾아오는 날이 14번이나 되었어요. 폐교를 활용해 숙박을 해결하고 있는데, 200명 정도를 폐교에서 수용하고 동네에서 민박으로 50명 정도를 수용하고 있어요. 화천군의 산천어축제는 보통 1월 초부터 한 달 간 열립니다. 2009년 마을축제로 산천어축제를 열었을 때 1억 원의 경비를 들여 2억 원을 벌었어요. 1억 원의 경비는 가로등을 만들거나 개울을 막고, 식당을 만드는 일을 했는데 그 역시 마을 발전을 위한 기반 시설을 확충하는 일이었지요.

Q _ 농촌마을은 젊은이들이 없어 모두 일손이 부족해 난리인데요, 일손이 부족한 문제는 어떻게 해결하시는지요?

A _ 농촌문제 중 큰 문제가 고령화입니다. 일할 사람이 정말 부족합니다. 다행히 저희 마을은 가까이 군부대가 있어 적잖은 도움을 받습니다. 2009년에는 600명이 대민지원을 해주었고 행사에도 참여해줬습니다. 그동안 2억5천만 원의 장학금도 조성했는데 학생들이 없어서 장학금을 주고 싶어도 줄 수가 없어요. 그래서 기금을 깨서 노인기금으로 쓸까 생각하고 있습니다.

Q _ 새로운 외지 사람들이 귀농을 위해 들어오기도 하는가요?

A _ 2009년에 4가구가 들어왔고, 2010년에도 4가구가 들어왔습니다. 현재 우리 마을은 총 가구 수가 78가구, 주민 수는 204명인데 소득은 대략 가구당 4천만 원 내외일 것으로 추측됩니다. 물론, 억대를 버는 농가도 여럿 있습니다. 소득을 정확히 알기는 어렵잖아요.

Q _ 작물은 주로 어떤 것들을 하시는지요?
A _ 그동안은 주로 쌀이었는데 서서히 줄여가고, 점차 채소와 원예가 늘고 있어요. 파프리카를 네 곳의 농가에서 시작해 계약재배를 하고 있고 오이와 호박은 서울 가락동으로 직송합니다. 온난화의 영향이 여기까지 미쳐, 여기에 맞는 벼 품종으로 바뀌어가고 있습니다.

Q _ 친환경 농사는 어느 정도 지으시나요?
A _ 전체 농가 수가 78가구인데, 그 중 56가구에서 농사를 짓고 이 가운데 24가구가 친환경으로 농사를 짓습니다. 벼농사의 경우 오리농법을 주로 하다가 조류독감을 계기로 우렁이로 바꾸고 있습니다. 워낙 벼농사가 손이 많이 가요. 요즘에는 줄긴 했지만 벼농사를 지으려면 88번 손을 대야 한다는 말이 있어요. 그래도 꼭 손을 봐야 하는 게 정해져 있지요. 파종하기, 모내기하기, 논둑 깎기, 물 대기, 추수하기 등등 정말 벼농사 짓는 게 쉽지 않습니다.

Q _ 벼농사를 짓기 위해 그렇게 많은 손이 간다는 것을 잘 몰랐어요. 그렇다면

쌀값은 얼마나 하나요?

A_ 쌀 한 가마가 2009년에 14만4천 원 할 때 무농약 쌀은 18만 원, 유기농 쌀은 21만5천 원 했어요.

Q_ 판매는 잘 됐는지요?

A_ 곡식을 재배하는 것은 작목반에서 하는데 작목반은 마을 조직과는 조금 분리된 조직예요. 쌀도 전량 작목반에서 관리하지요. 그런데 마을에서 손님을 오게 해서 행사를 하고 판매를 하면서 이익금을 남기는 것은 마을조직이 하고 있어요. 그래서 앞으로는 마을에서 이익금을 배분하고 관리하기로 했어요.

Q_ 한상렬 선생님의 기여가 컸지요?

A_ 예. 그 분이 이장을 하실 때 토고미 권역 위원장, 농촌체험 위원장, 정보화 마을 위원장을 다 맡아 수고하셨어요.

Q_ 마을 만들기를 할 때 겪는 가장 큰 어려움은 어떤 것이었는지 궁금합니다.

A_ 마을 내에서 일어나는 훼방이지요. 이익이나 돈 때문이라기보다는 질투심 같은 게 있잖아요. 그런 건 할 수 없이 감수하고 무시하고 넘어갈 수밖에 없어요.

Q_ 반대로 보람을 느끼실 때도 있을 것 같은데 어떤 때 보람을 느끼셨는지요?

A_ 우리 마을을 방문했던 사람이 좋은 기억 때문에 다시 올 때는 정말 보람을

느낍니다. 얼마나 반가운지 마음 같아서는 닭이나 계란, 더덕 같은 걸 그냥 막 싸주고 싶어요.(웃음)

Q _ 농촌에서 이장이라는 게 어떤 자리인가요?
A _ 아침 4시에 집을 나와 밤 11시에 들어가는 자리예요.(웃음) 이장의 임기는 3년인데 연임이 가능합니다.

Q _ 이장님도 월급을 받으시나요?
A _ 예. 한 달에 월급 20만원 받습니다. 여기에 각 집에서 1년에 쌀 두 말씩을 걷어 주지요. 그래도 이장을 하려는 사람이 하나도 없어요. 이장이 해야 하는 일이 얼마나 많은지 몰라요. 새벽에 나오면 밤 늦게까지 못 들어간다고 봐야 합니다. 이장이 되고부터 집에서 점심 먹은 기억이 거의 없어요. 매일 면사무소, 군부대 같은 곳에 일 때문에 들어가야 하고, 이런저런 동네일을 봐야 하거든요. 방앗간도 돌보아야 하고…. 내 개인 농사일도 좀 있어요. 비닐하우스 10동 정도 되는데 그것도 관리해야죠.
나는 월급을 받고 싶지 않아 처음에 월급을 받지 않겠다고 말을 했어요. 그런데 사람들이 받아들이지 않더군요. 저는 그렇다 쳐도, 그렇게 된다면 다음 이장될 사람까지 못 받게 만든다는 거예요. 그 말도 일리가 있죠. 이장은 마을에서 내 욕심을 채우지 말라는 자리예요. 돈이 갈 자리로 가게 만들어야 해요. 그게 봉사죠, 뭐.

Q _ 마을을 돕는 사람들이 있는 것 아닌가요.

A _ 현재 세 사람의 사무국장을 채용하고 있어요. 사무국장들에게도 월급이 지급되는데, 이 사람들에게는 기본적으로 군청에서 60만 원을 보장해줘요. 여기에 마을에서 좀 더 보태 월 100만 원부터 160만 원까지 각각 지급하고 있습니다.

Q _ 이렇게 마을을 위해 애쓰시는데 이장님께서 만들고 싶은 마을이 있다면, 어떤 마을을 만들고 싶으세요?

A _ 주민들이 살기 좋은, 편안한 마을을 만들고 싶어요. 불편함이 없는 그런 마을이요.

The Road to Togomi

We decided to make our first visit to Togomi Village on the 31st of December, 2009, a very cold winter day. We had wanted to visit in the farming season, but we ran out of time. So we decided to go before the year was truly over. The road to Togomi was covered with snow.

There are two ways to get to Togomi from Seoul. You can take a train from Cheongnyang-ri Station to Chuncheon and then catch a bus to the village of Togomi. The train ride takes an hour and a half and the bus ride takes another 50 minutes. If you take the bus, you can catch a bus to from East Seoul Terminal to Hwa Cheon and from there a local bus that will take you to Togomi in about 10 minutes.

When we arrived at Togomi, the entire village was covered in

The old school house is now used as a residence for guests.

snow. It seemed as if the village had entered into a long winter sleep. Togomi Village is a farming collective that covers the areas of Sindae-ri, Sinpoong-ri, Koo-eun-ri, and Jangcheon-ri of Hwa Cheon.

The Chinese characters for land (To) and rice (Mi) make up the name of the village because it was a region known for its rich earth and wealthy landlords who would always pay their workers with rice. The village is situated in a sunny spot in the foothills and boasts the beautiful scenery and clean waters of the Papo-chon that is a tributary of the North Han River.

Togomi is known for its rice that is grown without pesticide with the aid of mud snails. The village now raises peppers and potatoes too using this method and has received recognition for the excellent quality of its organic produce. It has developed and registered its own brand of "snail technology" rice that is highly acclaimed by people who live in the big cities.

Beginning in 2000, the villagers have embarked upon numerous projects to build closer links between farmers and city-dwellers. To this end, the villagers host an annual Snail-Farming Festival and numerous programs that allow city people to experience farm life and harvesting. The villagers have turned the closed old school building into accommodations for a Nature School. If you spend the night here, you can count the stars in the night sky and listen to the insects in the grass.

Conversation with the Founder of Togomi

We cannot begin the story of Togomi without turning to one of its founders, Han Sang Yeul. Mr. Han understood early on the importance of community building, especially for farming regions, and created the plan for the village. His personal reasons for returning to farming are rather special. A native of the region, Mr. Han used to work at the Nonghyup (National Agricultural Cooperative Federation) in the neighboring town of Hwa Cheon. Then, in 1996, he was diagnosed with stomach cancer and returned to his native village to recover his health in 1999. After he recovered his health, he threw himself into building the new farming collective. What had begun as a journey of personal recovery was transformed into an endeavor to recover the health of an entire region. With three other villagers, he established the Togomi Eco-Friendly Farming Collective and began farming a single hectare of land without pesticides. Their first venture was harvesting with the help of ducks. This was the birthing moment of today's Togomi Village.

Mr. Han seemed to us a very cheerful and kind person. Despite the many difficulties he must have encountered, he greeted us warmly and generously answered the several questions we had prepared for him.

Q _ What is the current size of Togomi?

A _ As of today, there are about 86 families. Four or five families have come from the city, but the numbers are not increasing rapidly.

Q _ What was your moment of greatest difficulty to date?

A _ It was hard to work for the village with nothing to eat, without being any support to my family, and being treated like a sinner. It was hard to be in business, because everything was about money. Whether we lost money or made money, it was hard, because one person's good fortune is usually cause for another's grief.

Q _ Are you saying that communicating with people within your community was the hardest part?

A _ Yes. The hardest part was convincing the members of the community. Even fathers and sons have differences of opinion when it comes to business matters. It was really difficult to get people to change farming practices of a lifetime and take on new and unfamiliar methods.

Q _ It sounds like what you are saying is that this was especially true because you are in a farming community.

A _ There are characteristics that are very peculiar to farmers. There is a special kind of pride. There are many positive traits of farmers, but their pride can be a difficult factor and can get in the way of trying to create a new kind of community.

Q _ The current head of the community is Mr. Lee Jang Eun. What is your current role?

A _ I haven't been actively involved in the past five years, but as of this month (April 2011) the village representatives told me to take the lead once more. Mr. Lee will take care of administrative duties and I will be the official head of the village. This means that I will be responsible for the business side of our operations. I accepted because there is a chance that there may be a slight deficit this year.

Q _ You have already accomplished so much. How has your work been recognized? Have you been awarded any prizes?

A _ Yes, we have received numerous awards and prizes such as the Global Green Management Excellence Awards, as well as many medals and citations.

Q _ How do you evaluate the future of community farming collectives here in Korea?

A _ Since all members of a community have different opinions, it is very difficult to create any kind of consensus unless there is a shared religious faith. Religion binds all because it transcends everything. If it is not a religious community, it has to be a legal entity.

We were very surprised to hear Mr. Han suddenly talk about religion and faith. He seemed to underscore the difficulty of creating consensus within a community, but he also clearly seemed to signal the importance of faith in building a community. We wanted to know how he had been able to overcome the many moments of anger and despair. He replied that he had come to realize many things through many years of practicing his faith. He said he had become very familiar with the difficulties that leaders must face.

Q _ You seem to have much faith in the value of religion in creating a community?

A _ I am an Elder of the New Gospel Presbyterian Church. Most of the leaders of farming collectives in our country such as Mundang-ri, Handemy, and Buraemi are all Christians. We live in a capitalist world. Who else would take on such a hard job? Remember that Moses was the one most criticized and reproached by those he sought to set free from slavery in Egypt.

Q _ It seems as if you have had many bitter challenges.

A _ There are things people recognize as soon as you cross that bridge into the next village, but some people within the community remain unconvinced.

Farming with the help of ducks

Organic farming involves a lot of sheer hard labor. Weeds grow constantly in the fields and the crops are subject to all kinds of disease. Powerful weed killers are used to kill the weeds, and these chemicals are very poisonous. They are in fact so poisonous that it takes several years for a field to detoxify. The problem is the same for damage from disease and harmful insects that can destroy an entire year's harvest. This is why farmers use pesticides. Farming without using these chemicals requires much more labor. And there are limits as to how much a farmer can physically do to weed the fields and keep out insects and protect the harvest from all kinds of disease. There is a shortage of labor as well as the limitations of physical endurance.

To overcome these problems, Togomi began organic farming through incorporating the use of ducks. If ducks are allowed to roam the fields, they consume the insects, aerate the soil by digging, and enrich the land by depositing their waste matter. They become de facto "farming ducks." Ducks help the problem of labor shortage in organic farming. After several years of farming with ducks, the people of Togomi began experimenting with farming with the aid of mud snails.

The success of organic farming is also tied to securing strong and stable outlets for the produce. Even after a rich crop has been produced, the harvest cannot market itself. The produce must be properly

City children who have come to experience farm life learning to weave straw.

advertised and marketed and appropriate consumers who can afford to pay higher prices must be found. Many organic farming communities fail because they cannot overcome these obstacles.

To overcome these difficulties, Togomi created a cooperative called "Farming Community of Sharing." In other words, they succeeded in creating a network of Togomi members. "Togomi Family" consists of members who commit to consuming Togomi produce. Membership is open to everyone. Members can participate in the farming process, not directly, but through the farming ducks. Even without ever working in the fields, by investing around 32 dollars to purchase 15 ducks, members receive 8 kilograms of freshly harvested rice in the fall. Members also receive discounts when purchasing other produce as well as for participating in a variety of programs offered by the cooperative. They receive invitations to the music festival hosted by Togomi in the fall. As of 2011, there are about 40,000 members of the Togomi Family, or about 10,000 households.

For Togomi, this has spelled success in drawing national attention and securing a stable market. For the members of the network, the benefits are membership in the farming community and access to fresh organic produce that can be trusted. It is both fun and practical to participate in this community.

Creating Markets through City-Farm Relations

In Korea, the survival of a farming community depends on its relations with cities. This holds true for all other countries as well. The inverse is also true. For a city community to flourish, it must have strong ties of cooperation with farms. Farms provide food to the cities, and cities provide manufactured goods to farms.

Togomi has invested much effort in forging strong ties with urban areas. It was the first community to sponsor the one company-one village campaign. Its special connection with Samsung Electro-Mechanics was an important first step for the village. Designated as an official member of the Farm-Stay program sponsored by Nonghyup (NACF) in 2002, Togomi hosted the visit of employees of Samsung Electro-Mechanics numerous times. This was what led to the partnership that resulted in the first one company-one village connection in the nation in 2005. Samsung Electro-Mechanics sent employees and families to experience farm life at Togomi and Togomi sent its produce to feed the 5000 employees at the company headquarters of Samsung Electro-Mechanics at Suwon. This relationship resulted in more farm hands for Togomi as well as visitors and a secure market for its produce.

85% of Togomi organic produce is consumed by members of the Togomi Family Cooperative. The remaining 15% is taken up by

Samsung Electro-Mechanics, Hallym University, and the Korea Rural Economic Institute, all sister institutions with special relations with Togomi.

City-Farm relations are also fostered through festivals. 150 people participated in the first Togomi Duck Rice Festival in the year 2000. The same festival drew almost 10 times more people in its second year with around 1200 visitor from urban areas. The number of visitors continued to expand, and the village saw about 17,000 visitors in 2011, including numerous visitors from abroad.

The internet has played a major role in forging these city-farm relations. Togomi began directly marketing its produce through its homepage starting in 2003. The use of credit card payments online has made direct marketing a viable business.

The Farming Cooperative as Village Enterprise

The continued growth of community building on this scale can only happen if accompanied by economic growth. The local resources must be employed to generate continued economic development. Togomi continues to grow through new ideas and projects such as organic farming, farm-stay programs and festivals.

Of the entire Togomi community, permanent residents consist of

57 full-time farming families. The rest is made up of soldiers and people from other professions who contribute labor. Because of the size of the non-residential community, the village as a whole is very open to the outside world as compared to other farming communities. The organizational aspect of farming and sales is overseen by the Togomi Cooperative while profits are strictly divided between individual farming families and members of the Cooperative.

The Togomi Cooperative, founded by all 57 families of the village, oversees the business of organic farming and marketing of produce. To create consumer trust, the Cooperative established an internal grading system to ensure quality control of its Duck Rice (Grades 1, 2, and Special). The difference in price for the different grades of rice is about 9,000 Won or 8~9 dollars per 80 kilograms. Because the Duck Rice produced by Togomi is organically produced, it is able to fetch premium prices. Compared to the 40,000 Won for ordinary rice, 20 kgs of Duck Rice can fetch nearly double the price, or 79,000 Won. The entire crop is sold directly to the end consumer. Duck rice farming that began on 3 hectares of land now covers 25 hectares, and 30 local families in the vicinity also take part in the organic farming project of the village.

As the scope of the business grew, Togomi began employing a full-time business manager in 2004 at an annual salary of 20,000,000 Won. There are currently three such full-time managers.

Many programs for experiencing farm life are hosted annually at Togomi including the Trout Festival.

Conversation with Village Head, Mr. Lee Jung Choon

Q _ Are you a native of this region? How did it come about that you never left home?

A _ Yes, this is where I was born. I left but came back when I was 40. I lived away from here from the ages of 25 to 40. I used to work for Daewoo Electronics in Gumi until I returned in 2000.

Q _ Why did you decide to come back?

A _ I didn't like the stress of my job. I was good at soccer and returned to my home village now and again to participate in soccer games. Then in January of 2006, I was in a traffic accident and had a severe leg injury. I had to receive treatment for two years, and continue to suffer from the injury. I have yet to reach a legal settlement regarding the accident. I failed to see a police car that had stopped to examine a car that had been in an accident on the outskirts of the town and crashed into it, resulting in a huge mess.

Q _ When did Togomi start receiving so much attention?

A _ Togomi began actively receiving the spotlight in 2003. It all began with the duck farming. We had received government funding of 500,000,000 Won to begin our new farming initiative in 2001 and received a further 7,000,000,000 Won for continued development. Mr. Han Sang Yeul served as head from 2003-2005, Mr. Lee Seung Hee from 2008. The village ran into difficulties in 2008 because of disputes regarding shares. There is bound to be conflict when people begin to dispute how much each person deserves.

Q _ Has the standard of living of the villagers improved?
A _ What began as total sales of under 10,000,000 Won in direct sales in 1999 had grown to 500,000,000 in five years, and was about 400,000,000 Won in 2010. This is direct sales of the cooperative only and the overall income of individual farms far exceeds these numbers.

Q _ How many people take part in the Hwa Cheon Sancheoneo (Trout) Festival?
A _ On a very busy single day in 2009, we had 250 visitors. In 2010, there were at least 14 such days. We employ an old unused school building to house up to 200 guests. We can accommodate another 50 or so people in individual homes that take in overnight guests. The Festival usually takes place from early January. We invested around 10,000,000 Won for the Festival in 2009 and made a profit of around 20,000,000 Won. The money invested went into street lamps, restaurant construction, and such.

Q _ The overriding problem of farms today is the lack of working hands. There are no young people left in rural areas. How did you resolve this problem?

A _ Yes, the aging population is one of the biggest difficulties of farming communities. There is a lack of hands, and so we receive the aid of a local army regiment. They sent us 600 people in 2009 and take part in all of our activities. Because there are no young people, even if we make scholarships available, there is no one to give them to. We came up with 25,000,000 in scholarships but have no students to give the money to. We are now thinking about splitting this money up and distributing it to our senior citizens.

Q _ Are there new residents who come in to take up farming?

A _ Four families joined us in 2009 and four more are expected in 2010. We currently have 75 households (204 people) and the average annual income per household is around 40,000,000 Won. Of course it is hard to come up with exact figures and there are households that have much higher incomes than this.

Q _ What do you harvest?

A _ Rice used to be our main crop, but we are now slowly changing over to vegetables and flowers. Four farms began planting bell peppers and we sell cucumber and squash directly to Garak Market in Seoul. Because of global warming, the strains of rice we plant are also changing.

Q _ What percentage of your crop is organic?

A _ Of the 76 households, 56 are actively involved in farming, and 24 households engage in organic farming. What began as duck farming for rice has now been transformed into snail farming, largely because of the problem of avian influenza. Rice farming is notorious for being labor-intensive, and so the saying is that you need to intervene at least 88 times till harvest—seeding, transplanting, weeding, watering, harvesting, threshing, it goes on and on….

Q _ How much do you make from your rice harvest?

A _ A large sack of rice (80 kgs) brought in 144,000 Won in 2009. Rice harvested without pesticides brought in about 180,000 Won and organic rice 210,000 Won. Organic farming was the obvious way to go.

Q _ How about sales?

A _ The harvesting is overseen by the crop management committee that is a little different from the village proper. And because the cost of publicity and hosting visitors is taken up by the village, we plan to implement a way to distribute profits equitably.

Q _ Was the personal contribution of Mr. Han Sang Yeul pretty significant?

A _ Yes. He personally headed the various committees for the farm-stay program and updated the village homepage, among other things, when he was head of the village.

Q _ What was the biggest obstacle in building this community?
A _ It was overcoming all the slander and calumny that arose from envy. This was what we had to overcome.

Q _ What was most gratifying?
A _ Seeing people return to our village because they had enjoyed the experience so much. I felt so gratified, I wanted to give them gifts of a chicken or some eggs.

Q _ What does it mean to be the head of a farming collective?
A _ The official term is for three years but the term is renewable. The head goes to work at 4 in the morning and works till 11 at night.

Q _ Do you receive a salary?
A _ Yes, I receive 200,000 Won a month. In addition, every household contributes some rice annually. Even so, there are no volunteers for this position. There is simply too much work that comes with the job. It is a very long working day. I haven't had lunch at home ever since I took on this job. I have to look around the village, but I also have to visit the army regiment, visit the mill, the local administration, and I do a little farming

myself–about 10 vinyl greenhouses.

I said I did not want to receive a salary, but people would not accept. Even if you feel that way, this will be a problem for the next village head they say–this position demands that I do not seek personal gain. I have to make sure the money gets distributed properly. I suppose this is what public service is all about.

Q _ There must be assistants?

A _ We currently employ 3 business managers and pay them salaries, partly funded by the local government. One person is paid 1,000,000 a month, another 1,200,000 and the third 1,600,000.

Q _ What kind of community do you wish to build?

A _ I want to make a village that is a nice place to live, comfortable for its inhabitants, without any inconveniences.

PART 05

성미산 마을
Sung-Mi San Village

도시에서도 공동체적 삶을 지향하는 것이 가능할까? 성미산 마을은 기존 도시에서 형성된 이웃에 대한 패러다임을 바꿔놓고 있다. 바로 앞집에 누가 사는지 모르는 익명성을 무기로 형성된 도시의 인간관계가 현대 한국인들을 익사시키고 있다. 그러한 도시에 지치고 찌들어 있기에 성미산 마을은 우리의 관심을 더 촉발시킨다. 다른 도시에서도 공동체적 삶이 과연 가능할까?

Sung-Mi San Village is a community constituted of many families who have joined together to transform our paradigm of what it means to be members of a 'family.' In today's society, no one knows who their next door neighbor is. Nobody expects to feel any ties of sympathy with the people next door. It is because we are sick and tired of this kind of existence that places like Sung-Mi San seems so special.

서울 도심에서 이웃에 대한 패러다임을 바꾸다, 성미산 마을

서울 시내 한 가운데 있는 성미산 마을은 삭막한 도시의 삶과는 다른 가능성을 보여준다. 서울의 한복판임에도 불구하고 이곳을 부를 때는 꼭 '마을'이라는 수식어가 따라다닌다. 그 만큼 공동체적 마을을 만들려는 노력을 열심히 기울여 온 지역이다.

성미산 마을을 찾는 사람들은 성미산 마을이 어디냐고 물으며 들어온다. 그러나, 성미산 마을은 행정구역이 아니다. 서울 마포구의 성산동, 서교동, 망원동을 중심으로 모여 사는 사람들이 함께 기울이는 공동체적 네트워크를 지칭한다. 가운데 성미산이 있기에, 사람들이 성미산 마을이라고 부르고 있다.

이들이 함께 모여 어울리는 도시 공동체에 관심을 기울이기 시작한 이

유는 의외로 단순했다. '공동육아'였다. 내 아이를 돌보고, 또 이웃의 아이들을 함께 돌보기 위해 모인 것이다. 1994년 처음 시작한 사업이 어린이집을 직접 만들어 운영한 일이었다. 60평대 주택을 세내 어린이집을 마련했고, 직접 운영에 들어갔다. 사람들은 이 방식을 '대안 교육'이라고 불렀다.

성미산 마을에서 시작한 '공동육아' 어린이집은 우리나라에서 최초로 시도된 일이었다. 부모들이 공동육아 형태로 직접 어린이집 운영에 참여하는 형태로 말이다. 이제는 전국에 90여 개에 달하는 어린이집이 공동육아 형태로 운영되지만 1994년 당시로서는 획기적인 일이었다. 처음 어린이집에 들어간 아이들은 성년의 나이가 되었다. 성미산 마을도 벌써 성년의 마을이 된 셈이다.

육아를 위한 어린이집을 시작으로 모인 '공동생활' 프로젝트는 하나 둘씩 늘어났다. 아이들이 자라면서 자연스럽게 학교를 만들게 됐고, 같이 생활하다 보니 찻집과 서로의 물건을 나눌 수 있는 가게, 그리고 유기농 음식을 파는 가게까지 생겨나게 되었다. 지금은 성미산 마을에 50여 개에 달하는 여러 커뮤니티가 존재한다. 동네 주민들끼리 하는 극단 활동도 커뮤니티고, 공동 투자한 식당도 커뮤니티다. 그야말로, 지리적 구분이 아니라 얼마든지 필요에 의해 생겼다 사라질 수 있는 자유로운 커뮤니티들의 모임이 바로 '성미산 마을'이라는 이름으로 불리게 된 것이다.

어느 도시에서건 부모들은 육아의 문제에 봉착한다. 직장생활을 하는 부모 혹은, 아이의 체계적인 교육을 희망하는 부모들이 모두 그렇다. 오죽 아이를 키우는 것에 스트레스가 크면, 출산율이 무섭게 감소하여 왔을까? 특히 최근에는 인간의 존재를 결정하는 일차적 목적이 유전자를 퍼뜨리는 거라는 '이기적 유전자'의 설명이 들어맞지 않을 정도로 출산율이 낮아졌다.

처음에 공동육아라는 같은 뜻으로 사람들이 모여들었고, 그것이 성공을 거두자 학교 · 카페 · 옷가게를 열었다. 어린이집에서 아이들이 자라는 것과 비례해서 성미산 마을의 활동도 17년 동안 자라왔다. 아이들이 컸을 때를 대비해 학교를 세웠고, 안심하고 먹을 수 있는 먹을거리를 마련하려고 반찬가게를 만들었으며, 옷을 돌려 입기 위해 옷가게를 열었다. 주민들이 모여 공연을 하고 회의를 할 곳이 필요해 극장을 지었고, 연극을 하고 싶은 사람들이 모여 극단을 만들고, 기타 치고 노래 부르고 싶은 이들이 밴드를 만들었다(《중앙일보》 2011년 4월 1일자 참조). 이제 이곳엔 방송국도 있다.

성미산 마을에 대한 소문이 사람들 사이에 나기 시작하면서 마을을 구경하러 오는 사람들이 조금씩 늘기 시작했다. 이제는 한 해 2,000명이 넘는 관광객이 '성미산 마을'을 구경하러 온다. 미리 동네 안내팀에 방문 신청을 마친 숫자만 2,000명이다. 방문신청 없이 그냥 왔다 간 사람들까지 더한다면 훨씬 더 많은 관광객이 '성미산 마을'을 찾아 왔을 것

성미산 마을의 벽화처럼 이곳은 함께 따뜻한 동네를 만들어가고 있다.

이다.

삼청동처럼 고풍스러운 지역도 아니고, 청담동처럼 패션이 이끄는 곳도 아닌데, 사람들은 찾아온다. 아마도 그것은 도시에서 공동체 실험을 하고 있기 때문일 것이다. 도시에서 사라진 '이웃'에 대한 패러다임을 바꿔놓았기 때문일 것이다. 바로 앞집에 누가 사는지도 모르고 사는 게 요즘 우리의 생활이다. 시멘트 박스로 이루어진 아파트의 굳게 닫힌 철문을 넘어서는 성미산의 시도가 사람들을 끌어들이고 있는 중이다. 성미산 마을의 골목 안에 있는 도시 공동체에 대한 시도가 사람들을 오고 싶게 한다.

성미산 마을은 TV다큐멘터리에도 나왔었는데, 이에 대해서는 언뜻 두 가지 생각이 지나간다. 먼저 도시에서의 이 정도 시도가 TV다큐멘터리로 제작될 만큼 희귀하다는 현실이 안타깝다는 것이고, 다른 하나는 반대로, TV다큐멘터리로 제작되어 많은 사람들이 시청할 만큼 그래도 사람들의 관심이 이러한 시도에 끌려 있다는 것이 다행스럽다는 것이었다.

성미산 마을은 한국의 도시에서 얼마나 공동체가 약화되었으며, 그것을 복원하려는 노력이 얼마나 가치 있는 것인지를 우리에게 보여준다. 이웃공동체가 얼마나 중요한지를 깨닫게 해주기도 한다. 한국의 여러 도시에서 이러한 실험이 시도된다면, 우리나라는 훨씬 풍요한 나라가 될 것임을 확신한다.

작은 나무 카페에서 미소를 만나다

미소 씨는 성미산 마을에서 1년 동안 활동 중이다. 미소 씨는 20년 동안 이곳의 주민이었지만, 성미산 마을에 본격적으로 뛰어든 것은 최근이다. 성미산 마을이라는 구역 자체가 뚜렷하지 않고 외적으로 공동체 운동을 펼치는 것이 크게 눈에 띄지 않기 때문에, 미소 씨와 같이 마을 내에 살면서도 이 마을과 아무 연관이 없는 사람들도 많다. 미소 씨를 만나 성미산 마을의 이모저모를 들어봤다.(미소라는 이름은 성미산 마을에서 부르는 별칭이다.)

Q _ 성미산 마을은 언제 시작되었나요?
A _ 10년도 넘었어요. 1998년이나 1999년도쯤이었을 거예요. 성미산을 허물러 하는 것을 막기 위해 단체로 움직이기 시작했거든요.

Q _ 성미산 마을이 이루어지게 된 것은 육아가 주된 이유였나요?
A _ 네. 처음에는 공동육아에 대한 관심으로 시작되었죠. 하지만 성미산 마을에 오는 부모의 수가 늘수록 마을의 비전도 커져 갔어요. 공동육아를 위해 뭉쳤는데 이 아이들이 크기 시작하니까 어린이집과 대안학교들이 세워졌고요. 아이들에게 안전하고 바른 먹을거리를 제공하기 위해 작은 나무 카페와 유기농 반찬 가게도 생겼어요. 아이들의 교육에 대해 끊임없이 고민하다 보니 성미

산 마을 극장인 나루도 자연스레 지어졌어요.

Q _ 성미산 마을은 현재 어떤 상황인지요?

A _ 홍익재단이 사립초등학교를 짓기 위해 성미산을 허물려고 하는 것을 오랜 시간 막고 있어요. 그들에게 포기할 이유를 주기 위해 노력 중이고요. 저희 성미산 마을이 교육청을 찾아가고, 시장과 구청장을 만나 계속해서 대화하고 저희들의 입장을 전달하고 있죠. 아무리 성미산이 홍익재단의 개인 사유지일지라도, 성미산은 지켜내야 한다는 게 저희 생각입니다.

Q _ 성미산 마을의 미래에 대해 어떻게 생각하세요?

A _ 저는 긴 시간을 두고 봐야 한다고 생각해요. 잘 될 것 같아요.

Q _ 여기서는 서로 별칭을 사용하던데 어떤 의미에서인가요?

A _ 이곳에서는 나이, 이름, 소속과 같은 것들을 묻지 않아요. 사람과 사람이 만나는데 그런 건 중요하지 않다고 생각하기 때문이에요.

Q _ 이 카페에 있다 보니 아이들이 들어와서 그냥 먹고 나가던데 이건 어떻게 된 일인가요?

A _ 아이들의 부모님이 미리 적립금을 내고 그 금액에서 차감하는 방식이에요. 아이들이 배고파서 먹을거리를 찾을 때, 돈을 직접 들고 다니면 무방비로 노출되잖아요. 바로 맞은편 편의점에 갈 수도 있고요. 아이들의 먹을거리를

함께 사는 사람들의 필요에 의해 만들어진 성미산 마을에서는 극장과 도서관 등도 자연스럽게 생겨났다.

관리하기 위해 만들어진 방식이에요.

Q _ 성미산 마을 내에서 주민들간의 결속력은 얼마나 강한지, 대화는 얼마나 많이 이루어지고 있는지도 궁금합니다.

A _ 성미산 마을은 소통에 매우 민감해요. 저희 마을 회의는 굉장히 길어요. 그리고 그 회의가 거의 매일매일 있다고 보시면 돼요. 회의들이 그렇게 긴 이유는 저희 마을이 다수결의 원칙만을 존중하지 않고, 단 한 사람의 의견도 묵살하지 않으려고 노력하기 때문이에요. 저희 마을 회의는 항상 모든 문제점을 대면하는 방식에 있어서 중도 지점을 찾으려는 것이에요. 그렇게 하다 보면 이런 마을을 만든 것도 대단하지만 유지시키는 것도 만만치 않다는 것을 알 수 있어요.

Q _ 이런 성미산 마을이 불러일으키는 변화를 싫어하시거나 반대하시는 분들도 계신가요?

A _ 그런 분도 많아요. 사람들의 정치적인 색에 대해서 흑백으로만 보시는 분들은 저희 마을을 진보 민주 쪽이라고 생각하고 현재 여당을 지지하는 분들은 저희를 싫어하죠. 그리고 성미산이 개발되면 큰 이익을 얻을 사람들은 당연히 개발을 대환영하죠. 그런데 친환경적인 이유를 대면서 성미산 개발을 막고 있으니 저희가 싫을 수밖에요. 성미산이 개발되면 상점도 더 생길 테고 땅값도 올라갈 텐데 이런 기회를 잡지 못하고 있으니까 저희 마을이 골치 아프게 보이

겠죠.

이곳 원주민들은 성미산 마을 주민들보다 아이들의 교육을 충분히 더 부담할 수 있는 경제적 우위에 서 있는 사람들이라 믿어요. 저희들은 정직한 음식을 먹기 위해 이 먹을거리 가게들을 세웠는데 그들의 눈에는 우리가 더 비싼 유기농 음식을 먹고 아이들 교육에 투자를 아끼지 않는다고 생각해 소득 격차가 크다고 느끼지요. 이런 보이지 않는 장벽을 어떻게 무너뜨릴지 고민 중이에요. 그 장벽이 무너지기 전에는, 이곳에 사는데도 불구하고 저희 유기농 카페에 감히 들어오지 못한다는 생각을 가지고 계신 분들이 계속해서 있을 거예요.

Q _ 마지막으로 성미산 마을에 대해 무슨 생각을 하세요?

A _ 이 곳에 오시는 분들과 언론은 모두 다 성미산 마을이 너무 신기하고 대단하다고 생각하세요. 심지어 도심 속에서 이렇게 공동체를 이루는 건 기적이라고까지 말씀하시죠. 그런데 여기도 그냥 사람 사는 곳입니다. 이 마을에서 성장하는 아이들에 대한 기대도 큰데, 저는 더 이상 성미산 마을을 특별하게 생각하지 않았으면 좋겠어요. 물론 저희가 친환경 미래주의적인 마을이긴 하지만 다른 데에서도 이런 마을을 많이 일구어냈으면 해요. 앞으로 성미산 마을의 미래를 알 수는 없지만 지금부터 저희 마을의 정체성에 대해 고민하고 어떻게 더 이 마을을 일반화하느냐가 중요하다고 생각합니다. 저희 마을이 이루어낸 교육, 환경, 문화예술 방면의 일들도 계속 가꾸어나가도록 해야겠고요.

Sung-Mi San Village

Is it possible to achieve a sense of community even in cities? Sung-Mi San Village has been shifting the paradigm of what it means to be neighbors in a city. The human relationships in the city, constructed on the anonymity of the people who live next door, are destroying the modern Korean lifestyle. It is because we are so sick and tired of this kind of city existence that places like Sung-Mi San seems so special. Can we truly lead a communal life in the heart of a metropolis like Seoul?

Sung-Mi San Village, located in the heart of Seoul, is a living example of a different kind of existence than that of bleak city life. Although it is in the middle of Seoul, people never forget to say "village" when describing this place. This is a strong indication of just how committed its members were in trying to create a true community.

People who come to visit the Sung-Mi San Village often ask around as to where the village is located, but Sung-Mi San Village is not an administrative district. It is simply the association of people who live in the neighborhood of Sungsan-dong, Suhgyo-dong, and Mangwon-dong of Mapo-gu who have built a community of shared ideals in the name of "Sung-Mi San Village." The name of the village is derived from Sung-Mi Mountain that is located in the area.

The reason for the villagers having come together is rather simple: Communal childcare, or the idea that the village should share in the rearing of its children. They came together to take care not only of their own children but also their neighbors'. This is why the first communal enterprise was the establishment of a daycare center. They rented a 60 pyeong housing area and transformed it into a child-care center and began operating it as a cooperative. People call this alternative education.

This kind of cooperative childcare system was the very first of its kind in Korea. Now there are over 50 daycare centers for children that have been established on this model, but this first one established in Sung-Mi San Village in 1994 was a revolutionary endeavor. The first children who entered the daycare are now adults. Similarly, what began as an experiment has now matured into a fully-grown enterprise and

Sung-Mi San Village is now a solidly established institution.

As the children in the daycare center grew, it only made sense to build a school for them. What followed in an almost natural sequence was a café, a store where goods could also be shared or exchanged, and a store that provided organic food (Korea JoongAng Daily April 1, 2011). There are around 50 different communities that bind Sung-Mi San Village together today. The soccer club is run as a community as is the café. Sung-Mi San Village is not so much a physical location as it is the loose association of a number of communal projects and activities that are started, sometimes disappear, and appear in different format to create a living social organism.

In any city, parents are faced with the dilemma of childrearing. Parents who have jobs or those who hope to provide their children with a rigorous approach to education cannot escape this problem. The alarming decline of births in Korea reflects how stressful it is to rear children here. The explanation of the bestseller *The Selfish Gene* that the foremost reason for human existence is to replicate human DNA fails to explain the disastrously low birthrate in contemporary society.

What began as communal child-care led to the creation of a school, café, and even a clothing store. Like the children who grew up in the childcare center, Sung-Mi San Village has also grown in the last seventeen years. The school was established to take over the children who had graduated from the daycare center, the food store was

established to provide them with wholesome fresh food, and the clothing store was established so that clothes could be recycled and shared in common. (Korea JoongAng Daily April 1, 2011). The theater was built so that the members of the community could get together to hold discussions and to host cultural events. People interested in theater came together to create a theater troupe, and the kids interested in guitars and singing formed a band. There is now even a broadcasting station at Sung-Mi San Village.

The reputation of Sung-Mi San Village has begun to grow among the general populace. More and more visitors come to see what the place is all about. Currently the Village has over 2000 annual visitors. And this only covers those who have recorded their names with the information bureau, so there must be many more who simply come by without reporting their visit.

Sung-Mi San Village is not a historical district like Samcheong-dong or a leading fashion district like Cheongdam-dong on the south of the Han River. Nonetheless, the number of visitors is growing exponentially. The only plausible explanation for this is that Sung-Mi San Village is a revolutionary experiment of community life in the city. The village has changed the paradigm of what it is to be a neighbor. We no longer know who lives across the hall from us. Living imprisoned in high towers with steel doors, we long to wander the little streets of Sung-Mi San Village.

Sung-Mi San Village has even been featured in a TV documentary. On the one hand, it is regrettable that such an attempt to break out of typical city existence should be so rare that it merits being produced into a TV documentary. On the other hand, we are grateful that people are so attracted to such an experimental alternative to modern life.

Sung-Mi San Village shows us just how weak personal ties have become in Korean cities and how worthwhile it is to restore a spirit of community. It is a living, breathing example of the importance of neighborhood communities. If such experiments are recreated around cities in Korea, we are sure that our country can become an even more fruitful nation. Meanwhile, Sung-Mi San Village must continue to adapt and reinvent itself.

Interview with Miso (Smile) at the Little Tree Café

Miso has been actively working for Sung-Mi San Village for the past year. She has been a resident in the neighborhood for the past 20 years, but it is only recently that she has become an active member. There are no physical boundaries of the village, and there are no clearly visible signs that one is in the midst of an active community. The Village in fact has residents that have no real connection with the community as

Sung–Mi San Village is not an official administrative district, it is simply a community of people living together.

was the case of Miso in previous years.

Q _ When was Sung-Mi San Village established?

A _ More than 10 years ago, it must have been around 1998 or 1999. We joined together as a tightly bound community because there were attempts to counter our movement.

Q _ Was the primary objective of the Village to provide communal daycare for the children?

A _ Yes. The Village was born initially because of a shared interest in communal child-care. But as the number of families grew, so did the dreams and objectives. The community that had come together to help one another with child-care soon established daycare centers and alternative schools. The Little Tree Café was created to provide safe and healthy food for the children and a shop was created to sell organic prepared foods for the family. Constant discussions about improved educational opportunities for the children led to the creation of the community theatre, Naru.

Q _ What is the situation confronting Sung-Mi San Village today?

A _ The Hongik Foundation has been seeking to build a private elementary school here and we have been struggling to block this for quite some time now. We are trying to convince them that they must put a halt to their plans. We are constantly in touch with the offices of the board of education, the mayor, and the district head to present our case. Although the land belongs to the Hongik Foundation, we are resolved to protect our Village from being destroyed.

Q _ What are your thoughts about the future of Sung-Mi San Village?
A _ We have to think about the long-term future of this place, but I think everything will work out.

Q _ You all have special names that you adopt here. What is the meaning behind this?
A _ We are not concerned with things like age, name, where you come from here. Those things are not very important when a person meets a person, that's our belief.

Q _ Sitting here in this café, we have noticed that the children just come and eat as they please. What's going on?
A _ The parents of these children have already prepaid certain sums and whatever they eat is subtracted. It is not safe for the children to go around with cash, and they are exposed to all kinds of things. The store just across from us works in the same way. This system was put in place to ensure that the children always have access to safe and high-quality food.

The beginning of Sung-Mi San Village was the communal child care center featured here.

성미산 아까시나무

성미산에서 베어짐을 당한 아까시 나무가지로 만든 목걸이입니다. 인간의 잔인한 행동으로 생명을 다한 나뭇가지에 새로운 생명을 불어넣어 주었습니다. 작업에 동참하실수 있고 목걸이 구입만 하실수도 있습니다.

목걸이의 금액은 기준 5,000원 이며 자율적으로 후원하실 수 있습니다. 모아진 금액은 성미산대책위에 전달되어 아름답고 평화로운 성미산을 지키고 유지하 사용됩니다.

→ 작은나무 & 미니샵공방

Q _ Is this a tightly-knit community? Do you have many community discussions?

A _ We are very tuned-in to close communication. Our village meetings go on forever. And these meetings take place almost every day. These discussions take up a lot of time because we are never satisfied by a majority decision. We try to pay heed to every single voice in the community. We try to address every aspect of a problem and try to come up with the best compromise. It was not easy to establish this community, but it is even harder work to keep it up and running.

Q _ Are there people who don't like changes that are brought about by this community?

A _ There are lots of people like that. People who have a black and white view of politics view us as leftist, and those who take side with the current majority in power, the conservatives, tend not to like us. Also, those who stand to benefit from projects to develop this neighborhood also dislike us because we take a stand against such development for environmental reasons. For those who stand to make a profit if the price of land around here goes up through commercial projects, we pose a problem. The locals also tend to think that we are economically better off than them and that we are able to spend more on organic food and child-care, and this is why we have established these shops and our system of child-care. We worry about how we can overcome these barriers that exist between our community and our neighbors. Unless we succeed, there will always be those who live nearby but feel that they can never walk into our organic food store or this café.

Q _ In closing, we would like to know your personal thoughts about Sung-Mi San Village.

A _ All those who come to visit us and the press that come to cover us always seem to feel that this is an amazing place and that it is a miracle to have a community like this thrive in the midst of a huge urban setting. But this is just a place where people live, just like any other. People have great hopes for the children who grow up here, but I wish people no longer had to feel that this place was so special. Of course it is true that we are a community that is committed to sustainable and environmentally-friendly policies, but it is our hope that other people in other places can make similar commitments. Although it is impossible to predict what will be the future of our village, I think it is more important for us to think more deeply about our core values and how these can be brought to life in other communities as well so that we no longer stand out as such an exception. We must also continue to build on what we have achieved in terms of education, environment, and culture.

PART 06

노숙인들의 재활을 위한 공간
사랑의 농장
Sanmaroo Farm of Love

서울 종로구 부암동 백사실 계곡에는 '산마루 서신'에서 운영하는 일터가 있다. 산비탈의 밭을 빌려 노숙인들의 농사와 재활을 위한 공간, 그리고 묵상을 위한 공간으로 사용하는 이곳 '사랑의 농장'에서는 큼지막한 밭이 여러 개 있어 노숙인들이 감자와 배추, 열무, 오이, 토마토 등 여러 종류의 채소를 가꾼다.

In Baeksasil valley Buam-Dong Jong-no Gu, Seoul, there is a farm operated by a church organization that publishes a website called "Letters from the Mountain" (Sanmaroo Seoshin). A farm by the top of the Bukak Mountain has been leased by the organization and has been named the Farm of Love. Homeless people have been allowed to come to the farm to work and to recuperate their health there. Because there are many well-sized fields, the homeless are able to grow potato, cabbage, radish, cucumber, and tomato among many other vegetables in this area.

노숙인들의 재활을 위한 공간

몇 년 전까지만 해도 이곳은 온갖 쓰레기로 뒤덮인 골짜기였다. 그리고 쓰러져 가는 흙집 한 채가 달랑 있었을 뿐이다. 그런데 지금 이곳은 푸른 배추와 무가 자라고, 토마토가 익어가며, 노숙인 형제들이 땀 흘려 일하는 곳으로 바뀌었다. 이곳을 지금의 아름다운 노숙인의 재활터 '사랑의 농장'으로 만든 사람은 이주연 목사(산마루교회 담임 목사, '산마루 서신' 발행인)다.

이주연 목사와 '산마루 서신' 모임은 이곳에 산처럼 쌓였던 쓰레기들을 치우고 밭을 기름지게 하여 농사를 짓고 있다. 쓰러져 가는 흙집을 고쳐 노숙인을 위한 쉼터로 만들고 매주 토요일 아침이면 묵상 장소로 이용한다.

봄부터 가을까지 매일 새벽 서울역에서 지내는 노숙인들이 이곳을 찾아와 밭일을 하고 간단한 아침을 먹고 헤어진다. 그들은 땀을 흘림으로써 일하는 보람을 되찾았고, 덤으로 건강을 회복하고 사회생활도 가능하게 됐다.

나는 2010년, 10여 명의 친구들과 '함께 서기'라는 동아리를 만들어 격주 토요일마다 이곳에 가서 밭일을 도왔다. 사실 나에게 그 이전까지의 봉사 활동들은 매우 단편적인 것들이었고, 그 활동들은 서로 연결되지 않는 일시적인 활동들이었다. 그리고 조금 솔직하게 표현하자면 어쩔 수 없이 봉사시간을 채우기 위해 활동한 시간들이 많았다.

나의 이러한 봉사 활동의 전환점이 된 것은 바로 '함께 서기' 봉사단 결성이었다. 우연히 사랑의 농장을 알게 된 뒤 친구들에게 봉사단을 만들자고 했을 때 친구들은 매우 호의적이었다. 사실 바쁜 고등학교 시절에 정기적으로 봉사활동을 하는 것은 쉬운 일은 아니었으나, 친구들과 나는 매우 기쁘게 이 일을 할 수 있었다. 처음 6명으로 시작된 친구들은 이제 9명으로 늘어났다.

막연히 생각했던 봉사를 집단으로 조직해 체계적으로 하다 보니 약간의 힘든 점도 있었다. 모두에게 연락을 전하기는 생각보다 쉽지 않았고, 각자의 스케줄을 맞추는 것 또한 쉽지 않았다. 하지만 우리는 봉사단을 꾸려나가고 있는 것이 아닌가. 먼저 나를 내려놓음이, 봉사 이전에 갖춰야 하는 덕목이라는 생각이 들었다. 봉사를 위해 만났지만 우

사랑의 농장에서 노숙인들이 재배하는 배추들. 이곳에서는 일체의 화학비료를 쓰지 않는다.

리는 봉사보다 더 큰 덕목을 함께 땀을 흘리고 일하면서 깨우치고 있었던 것이다.

노숙인을 위한 사랑의 농장

처음 사랑의 농장을 찾아갈 때의 그 설레는 마음은 2년이 지난 지금도 내 마음에 오롯이 살아 있다. 사랑의 농장은 도심 속의 녹색 오아시스, 백사실에 있다. 사랑의 농장은 백사실에서도 꽤 깊은 곳에 자리 잡아서 한참을 걸어야 도착할 수 있다.

사실 백사실 계곡은 어렸을 때 워낙 많이 뛰어놀았던 곳이라 숲속의 나무 하나하나를 다 기억할 수 있을 정도다. 그러나 사람이 변하듯 숲도 꽤 변해 있었다. 내 키가 크는 사이 상대적으로 나보다 작아진 억새풀들, 나보다 훌쩍 커버려 마치 나를 놀리기라도 하는 듯한 나무들 사이를 지나 개울을 따라 걸어 우리는 마침내 목적지에 도착했다.

우선 '겸손의 문'이라고 쓰여 있는 나무 기둥으로 된 입구가 보였다. 그 문은 높이가 낮아 고개를 숙이지 않으면 들어갈 수 없다. 고개를 숙이고 겸손한 마음으로 문을 넘자 아기자기한 꽃들이 눈에 띄었다. 화려하지 않지만 소박한 아름다움과 은은한 향기를 뿜내고 있어서 더욱 인상 깊었다.

그 뒤로 올라가자 산 능선에 밭이 펼쳐졌다. 밭은 생각보다 훨씬 컸다.

울창한 나무들에 둘러싸인 이 밭은 겨울이 끝난 지 얼마 안 되어서 그런지 아직은 헐벗은 모습이었다. 이 밭에서 나는 수확물을 함께 나누기도 하고 또 판매도 해 그 수익금으로 노숙인들의 자활을 돕는다. 한마디로 우리가 키우고 자라게 하는 모든 것들이 사회에서 어려움을 겪고 있는 사람들과 '함께 서는 데' 쓰이고 있는 것이다.

자원봉사자와 함께 서기

그 뒤 특별한 일이 있지 않은 한 나와 친구들은 2주에 한번씩 그곳에 찾아갔다. 첫날 감자 심을 때는 너무 신기하고 재미있었다. 그러나 그 첫날의 설렘과 달리 밭일은 힘들었다. 초봄이나 늦가을에는 물을 주다 손이 얼 것도 같았고, 일을 마치고는 팔과 다리에 흙과 퇴비를 묻힌 채 3km가 넘게 떨어진 집까지 걸어가는 것도 힘들었다. 그럴 때 내 모습은 마치 전쟁터에서 귀환하는 사람 같았는데, 실제 주변 사람들은 나를 그런 시선으로 보았다.

하지만 시간이 갈수록 점점 커 가는 작물들을 보고, 또 일을 하면서 느끼는 작은 교훈이나 감동들은 차차 나에게 밭일에 대한 다른 시각을 가지게 해주었다. 그곳에서 우리의 땀을 식혀주는 바람, 코를 아찔하게 했던 풀내음, 그리고 우리를 지루하지 않게 해주었던 빗소리 모두 지

사랑의 농장 수확물은 모두 '함께 서는 데' 쓰이고 있다. 사진은 사랑의 농장에 피어 있는 해바라기.

금도 눈을 감으면 그대로 느낄 수 있을 정도다.

땅을 가꾸느라 온몸에 묻었던 퇴비, 잡초라는 적과의 숙명적인 전투, 물 주기의 정성과 저 멀리에서 군대처럼 몰려오던 소나기의 기억. 이 모든 것들이 그곳에서 경험했던 자연의 선물이자 내가 친구들과 나눈 선물이었다.

한번은 친구들과 함께 우리가 노숙인들을 위해 농사일을 돕고 있지만, 고등학생들만이 할 수 있는 선물을 해드리고 싶은 생각이 들었다. 마침 노숙인들이 다니던 인문강좌 '해맞이 학교'가 끝나고 있어 우리는 그 해맞이 학교의 종강 파티를 돕고, 또 파티에 빠질 수 없는 노래를 선물로 드리자는 데 의견이 모아졌다.

그러나 안타깝게도 시험이 끝나자마자 일정이 잡히는 바람에 따로 연습할 시간도, 준비할 시간도 부족했다. 그래도 우리의 공연은 훈훈하게 끝났고, 준비했던 음식들도 아저씨들께서 맛있게 드셔 주셨다. 그날 우리의 노래와 우리가 준비한 소박한 먹을거리들은 노숙인들을 즐겁게 해드렸음이 분명한 것 같다. 적어도 나의 눈에 비쳤던 그분들의 미소를 볼 때는 말이다.

도시 속에서 살면서 경험하기 힘든 일을 우리는 경험했다. 언제까지일지는 모르겠지만 '함께 서기' 봉사단은 아마 계속 이어질 것이다. 점점 사람 수도 늘어나고, 학교 수도 늘어나 더욱 많은 친구들이 우리가 가졌던 좋은 경험을 공유할 수 있으면 좋겠다.

일을 하면서 땀을 흘린 후의 건강한 웃음, 왼쪽부터 이휘영, 함께 참여한 형제 그리고 하성훈.

어떤 한 조직을 만들어 한 곳을 꾸준히 방문한다는 것은 쉽지 않은 일이다. 하지만 그것은 필요한 일이다. 우리 '함께 서기'는 말 그대로 '함께 의지하여 서고자 하는 사람들'이다. 우리는 다른 분들의 생활을 돕고, 그럼으로 말미암아 우리 또한 새로운 모습으로 그 분들과 함께 서게 된다. 부디 이런 동아리, 혹은 집단이 학생들뿐만 아니라 어른들 사이에서도, 우리 사회 작은 구석구석에서 만들어지면 좋겠다. 함께 서고, 함께 웃고, 함께 배우는 그런 공동체. 나의 시간과 능력을 나눌 수 있는 공동체. 작지만 큰 공동체가 바로 우리 '함께 서기' 봉사단인 것 같다.

앞으로도 아마 우리는 늘 그래왔듯이 또 배추, 감자, 토마토 등등을 심고, 또 기회가 되면 다시 아기자기한 음악 선물을 해드릴 것이다. 항상 해왔던 것을 다시 계획으로 세우고, 목표로 잡는다는 사실이 조금은 진부하게 느껴질 수도 있다. 하지만 이만큼 작지만 위대한 일이 또 있을지 궁금하다.

나는 그곳에서 내려놓고 나누는 어른들을 만났고, 자연을 마주했다. 삶의 깊은 계곡을 지나며 다시 웃기 위해 노력하는 모습들도 보았다. 봉사단의 다른 친구들도 아마 각자 자신만의 깨달음이나 감동을 얻었을 것이다. 우리의 이런 겸허한 마음가짐과 교훈을 꾸준히 가지고 가다 보면 우리의 나눔은 더욱 멀리, 더욱 풍성하게 전해지게 될 것이라 믿는다. 지난 주에 물을 주었던 배추들이, 다음 주엔 어떤 모습으로 다시 우리를 기다릴지 기다리는 한 주가 늘 설렌다.

사랑의 농장은 이주연 목사님을 빼놓고 이야기할 수 없다. 그 분이 백사실 계곡의 허름한 흙집을 빌려 이곳을 묵상하고 기도하는 곳으로 만들었고, 쓰레기더미로 가득했던 곳을 모두 치우고 밭으로 개간하신 분이다. 이주연 목사님을 만나 지금의 사랑의 농장을 만들기까지의 이야기를 들었다.

Q _ 사랑의 농장은 언제 시작하셨나요?
A _ 5년 전인, 2006년쯤부터였습니다.

Q _ 사랑의 농장을 가꾸시면서 가장 보람 있는 일은 무엇이었나요?
A _ 역시 어려운 이들을 돕는 일이 제일 보람 있죠. 어려운 이들을 돕기 위해 시작한 일이 그들이 스스로 일을 할 수 있게 되고, 일을 통해 그 사람들이 건강을 되찾고, 마음도 치유가 되었어요. 노동을 하다 보면 자신의 삶에 대해 스스로 정리가 되거든요. 일을 통해서 몸과 마음이 건강해지고, 또 저와 대화를 하면서 상담치유가 되기도 하고요.

Q _ 노숙자 분들을 처음 사랑의 농장에 데리고 오셔서 함께 일하게 된 계기가 무엇인가요?

사랑의 농장 입구에 있는 오이밭. 오이는 지지대를 타고 올라가며 자란다.

A _ 계속 도와만 준다는 것은 끝이 없는 일이라는 생각이 들었습니다. 스스로 이 분들이 힘을 내서 살아갈 수 있도록 해야겠다 생각이 든 거죠. 구제만 하다 보면 사람들이 의존적으로 살게 되죠. 처음 일을 시작하면서는 과연 이 분들이 와서 일을 제대로 할까 생각했는데 뜻밖에 일들을 정말 열심히 잘했어요. 그분 들도 스스로 우리가 언제 이렇게 열심히 일을 한 적이 있냐고 그래요.

Q _ 목사님과 이 농장에서 함께하는 노숙자 분들은 몇 분이나 되는지요?
A _ 저희 교회에 오시는 노숙자 분들이 30~40명 되었을 때 제가 같이 농장에 가서 일하자고 제안했는데 처음에는 7~8명 정도가 오셨어요. 이제는 교회에 오시는 노숙자 수가 100명에서 120명 가까이 되다 보니 농장에 오시는 분들 수도 늘었어요.

Q _ 사랑의 농장을 일구어 추수한 농작물들은 정확히 어떻게 쓰이나요?
A _ 농사짓는 아저씨들이 여기서 밥 먹을 때 먹고(웃음), 남은 것은 팔아서 농사 비용이나 그분들 일당이나 자활 기금으로 보태고 있어요.

Q _ 사랑의 농장에 와서 봉사를 하시는 분들은 어떻게 이곳을 알고 찾아오게 되나요?
A _ 제가 매일 아침 발행하는 인터넷 서신 '산마루 서신'을 보고 이 농장이 운 영되고 있다는 것을 아시고 신청하시는 분들이 계시고, 이 '산마루 서신'을 본

구청 복지사들이 자기 지역의 기업이나 단체들이 봉사할 수 있는 곳이 어디 없느냐고 자문을 구할 때 이곳을 알려줘서 오기도 합니다. 저희 교회에서 오시는 분들도 있고요. 이렇게 세 가지 방법으로 주로 오십니다.

Q _ 이 농장에 들어올 때 '겸손의 문' 이라는 작은 문이 있던데 이 문을 세우신 것은 어떤 의미인가요?

A _ 네, 문이 좀 낮지요? 일부러 낮게 만들어놓았어요. 머리 숙이고 겸손하라고 말입니다.(웃음) 이 농장의 소박한 분위기를 내기 위해서 그렇게 한 거예요. 대문 크게 만들면 뭔가 아주 대단한 것처럼 보이잖아요. 소박하고 자연스러운 분위기를 내기도 하고 문이 낮으니까 고개를 숙여야 되는 점도 있고요. 겸손의 문은 사람들이 오가며 나중에 붙여진 이름입니다. 사람들이 농담으로 그래요. "목사님 겸손하시라고 세웠다."고 말입니다.(웃음)

Q _ 사랑의 농장에서 꾸준하게 일하기 위해 필요로 하는 덕목은 무엇이라 생각하시나요?

A _ 역시 사랑과 인내죠. 많이 참아야 됩니다. 일하는 것도 어려우니까 참아야 되고, 와서도 이분들(노숙자 분들)과 함께 일하다 보면 서로 인간관계에서 어려움도 있지요. 이분들을 진정으로 사랑하는 마음이 있어야 계속 이분들을 대할 수 있어요.

Q _ 사랑의 농장의 미래를 어떻게 전망하시나요?

A _ 지금은 하루하루 보내니까 어떻게 대답해야 할지 잘 모르겠네요.(웃음) 계속 원하는 것은 몸과 마음이 피폐해진 사람들, 삶의 의욕을 잃은 사람들, 마음에 상처를 많이 받은 분들이 와서 좋은 공기 마시면서 숲에 와서 일을 하고 몸과 마음의 건강을 회복하게 되길 바랍니다. 그러면서 농사에 대한 취미를 갖고, 앞으로 농사를 통해 발전하고 잘살고 싶은 마음을 먹은 분들은 포천의 해맞이 공동체로 보내 드립니다. 그곳은 이곳보다 규모가 훨씬 커요. 무려 12,000평 정도 되는 곳인데 그곳에서 신앙생활도 하고 농업 기술을 배우게 되죠. 그분들이 다시 자립하는 겁니다.

Q _ 여기에서는 커피를 마시는 것도 주요 일과라고 들었는데요, 그것은 무슨 말씀이신지요?

A _ 여기에서는 일만 하는 것이 아니라, 아침 일곱 시마다 영성 훈련을 하죠. 영성 훈련의 주 목적은 제왕처럼 커피 마시기예요.(웃음) 그들이 커피를 마실 때 보면 정말 마시는 게 아니라 채우는 거예요. 항상 눈치를 보고 쭈뼛거리죠. 자신감이 없으니까 맛있는 것을 즐기지도 못해요. 저는 커피 한 잔도 제왕처럼 마시면 제왕이 되는 거고 여왕처럼 마시면 여왕이 되는 거라고 생각합니다. 이렇듯 커피 한 잔을 마시면서도 자기를 발견하고 자기 치유를 하는 것입니다. 비록 커피 한 잔 마시는 것뿐인데, 이것이 삶의 자세를 바꾸는 거예요.

우리가 커피를 마시는 시각은 보통 아침 일곱 시쯤입니다. 이때는 사람들이 다들 출근 준비하느라 정신없이 바쁜 시간이죠. 그런데 우리는 좋은 산에서 좋은 공기 마시면서 커피 한 잔 여유롭게 마시고 있으니 이 세상에서 우리가 제일 행복하다라고 말합니다. 그리고 우리는 항상 제왕처럼 커피를 마십시다, 라고 말해요. 근심 걱정 다 내려놓으시라고. 어차피 비에 옷이 다 젖고 나면 젖을 걱정을 더 이상 할 필요 없지 않느냐고 하죠. 지금이 제일 나쁜 상황이니까 커피 한 잔 잘 마시면 됐다고 말입니다. 물론 숲에서 농사짓는 것이 얼마나 소중한지도 배우고요.

Q _ 사랑의 농장을 가꾸시면서 목사님 인생에 변화가 생기셨나요?

A _ 얼굴이 새까맣게 탔지요.(웃음) 삶이라는 것이 꼭 이렇게 살아야 하고 저렇게 살아야 하는 게 없어요. 이렇게도 살고 저렇게도 살면서 다 잘산다는 것을 배우죠. 역시 자연에서 일할 때 사람이 제일 건강해지고 치유가 되며 몸과 마음이 회복이 됩니다. 노동과 기도를 자연에서 할 때 사람이 긍정적이 되죠. 사랑의 농장을 하면서 머리로만 알았던 것을 눈으로 보고 몸으로 체험하게 되었어요.

Q _ 사랑의 농장은 환경친화적 농업을 중심으로 운영되나요?

A _ 네, 유기농, 무농약으로 운영해요. 살충제나 제초제 같은 것은 전혀 쓰지 않고 오직 퇴비만 사용합니다.

Sanmaroo "Farm of Love"

In Baeksasil valley Buam-Dong Jong-no Gu, Seoul, there is a farm operated by a church organization that publishes a website called "Letters from the Mountain"(Sanmaroo Seoshin). Buam-Dong is a district in the very heart of Seoul, located in the hills behind the traditional palace area which now is the site of the modern Presidential mansion, the Blue House. A farm by the top of the Bukak Mountain has been leased by the organization and has been named the Farm of Love. Homeless people have been allowed to come to the farm to work and to recuperate their health. The small clay hut located there is also used to hold prayer meetings as well as community gatherings. Because there are many well-sized fields, they are able to grow potato, cabbage, radish, cucumber, tomato and many other vegetables in this area. Just a few years ago, this plot of land was overflowing with garbage. It took a whole season to clean up the trash and return the soil to a fertile state so that the work of farming could begin. The small clay hut was fixed and refitted to become a snug shelter, where people could come to meditate, pray, and relax. From spring to autumn, the homeless who "live" at the Seoul Station come here to do fieldwork in the early morning and grab breakfast on their way out. The homeless who come here regain their sense of being productive, laboring with sweat and hard work, and as a bonus, they are also often able to regain their health and a sense of social community. In 2010, I started a club 'Stand Together' with nine other friends and every other Saturday, ten of us began helping out in the fields. This is what the experience was like.

Homeless People and Sanmaroo Farm

I have to say that before I began this work, the community service that I had done, even in my junior high school years, was all fragmented and unconnected temporary work. To paint a more honest picture, it was community service for the sake of filling up the required time slots to be submitted to school. The turning point in my community outreach efforts began with establishing the 'Stand Together Volunteer

Stone wall at Sanmaroo Farm of Love.

Group.' It was by coincidence that I discovered the existence of this wonderful farm operated by Sanmaroo, and it was quite easy to assemble the group of friends who were interested in taking part in this project. Although it is more easily said than done to regularly spend time doing community service as a busy high school student, my friends were favorably disposed towards my proposal. What began with six members now has grown to ten.

Despite my first impression that things would go smoothly, it was not always easy to manage ten people to do this volunteering work with a systematical approach. Contacting all the members and working out individual schedules was not a piece of cake. Nevertheless, were we not working towards building a community service group? Putting my own needs aside seemed to be the critical first step for any community service.

The place we headed out to and continue to visit even today is called Baeksasil, the green oasis within the metropolis we call Seoul. Our destination, the fields, is situated deep within the valley and can only be reached after some hiking. It was a place I grew up playing and running around, so I naively thought I would remember each and every tree in the woods, but as people change, the forest had also undergone a great deal of change. As I had grown in height, the flame grass now seemed relatively shorter, while the trees seemed to look down and taunt me from the great heights they had reached over the years.

"Gate of Humility"

Walking along the creek, we finally arrived at our destination. First, we saw a gate made of wooden posts that read "Gate of Humility." The gate was built low so that you have to lower your head to enter. Crossing the threshold with a humble mind, I was enchanted by the charming flowers of the field. The flowers were not very ostentatious in their color and scent, but their delicate beauty was enough to enrapture anyone. The field behind the wild flowers was much larger than what I had originally expected. This field outlined by lush trees was yet barren, as winter had only just departed. The harvest from the fields is shared among the crop growers and the profit goes towards helping the homeless rehabilitate their lives. In short, everything that we grow goes towards those in our society with difficulties to help them 'stand together' with us once again.

Unless there was something special to prevent our going, we went there every two weeks. To tell the truth, despite the excitement of the potato planting on the first day, the fieldwork turned out to be quite arduous. In the early spring time and late autumn, I thought my hands might fall off while watering the crops and after a day's work, it was straining even to walk back home with soil and compost on my arms and legs. At such times, I felt as though people were watching a war veteran come back home.

However, in watching these crops grow as days went by and gaining small lessons from the manual labor, I began to gain a different perspective on farming. There, we could feel the breeze that cooled our sweat, smell the grass that dizzied our senses, and hear the sound of raindrops that kept us company. The compost that got all over my body from tending the land, the eternal and inevitable battle with the weeds, the care that was taken to water the crops, and the memory of the monsoon shower coming towards us like an army battalion–all of these things were nature's gift that we experienced and a gift that we gave to one another.

Community Service "Stand Together"

We were helping the homeless from afar with our fieldwork but in our hearts we wanted to give them a warm gift that only we as high school students could give. Coincidentally, the Sunrise School that the homeless took part in had just ended their first term, so we thought it would be a good idea to celebrate the end of their semester and surprise them with a song. The party was scheduled right after our finals so we couldn't practice much before the event, but our efforts were worthwhile. The small concert was heartwarming and the food we prepared was heartily enjoyed by those who came. The song lyrics and eateries that we brought to the party truly made the homeless men happy. At least, that is what I thought when I saw them flash their smiles as they thanked us.

I don't know how long we will be able to keep this up, but our Stand Together Volunteer Group will continue to exist. I hope it will grow in numbers of people and schools participating so more kids can share the great experience we have had. We experienced something that is hard to experience living in a metropolis. It is not easy to create a group to visit one place on a regular basis. But this is the kind of sustained work that must be carried out. "Stand Together" is literally a group of people bound by the desire to rely on one another to stand together as human beings. We help others in their lives and through this experience we are able to stand next to these people, ourselves transformed. I only hope there can be more clubs or groups like ours among students and adults alike, so that what we felt becomes a wide-spread experience within our society so that we can build communities that stand together, laugh together–where members share their talents and abilities. A community that is small but big, that is how I like to think of our "Stand Together" volunteer group.

We will continue to help grow the cabbage, potato, and tomato

and if an opportunity arises again, we will offer another musical gift. It might sound hackneyed, however I wonder if there is anything as small yet great as this. There I met adults who put their own needs aside to share and give. I came face to face with nature. I saw those, who having crossed the deep valley of life were hard at work trying to recover their smile. Others in my volunteer group must have had their own moments of personal enlightenment. I believe that what we have learned here will carry us far and our efforts to reach out will continue to spread. I wait eagerly to see how much the cabbage we watered last week might have grown.

Conversation with Pastor Lee

Q _ When was the Farm of Love founded?
A _ It has been five years already.

Q _ What is the most rewarding aspect of the farm work?
A _ The most rewarding aspect is without doubt helping out the poor and the needy. The farm works to save their lives by allowing them to till the ground so that they become healthy and their wounded hearts are healed. While farming, they are able to sort out their lives and through the work, their minds and bodies are cured. Talking to me while working is

also a kind of mental therapy for them.

Q _ What was the reason behind bringing the homeless people to work here?

A _ When we first began this work, we were just trying to help them sustain their lives. We soon realized that we must really help them regain the strength to live on their own. If you keep on simply giving, they grow to be dependent on your help. When I first asked them to come help our work, I wondered to myself, "Will they really be able to work earnestly?" And to everyone's great surprise, they tilled the land with great enthusiasm. They even ask themselves, "Was there a time that I ever worked as hard as I work here?"

Q _ Did the homeless people easily open their hearts to the work you were doing on the farm?

A _ Those who came opened their hearts. When there were around 30 to 40 homeless people attending our church, I suggested that they come and help out at the farm. What started out as seven or eight people now has grown in number.

Q _ How exactly is the harvested produce put to use?

A _ The homeless who work here eat the fresh produce as part of their meal. And the rest of the harvest is sold to give them a daily sum for each

Scenery of Farm of Love in Baeksasil Valley in the heart of Seoul.

day's work and to contribute to the fund we are raising to help them gain independence.

Q _ Other than the homeless, how do those volunteering at this farm find out about your work?

A _ Those who read the daily Sanmaroo Letters know about the farm operation and sign up to volunteer. In other cases, the social workers in the district offices receive the daily Sanmaroo Letters and when companies and organizations ask them if there are any places they can do community outreach, the social workers connect them to our farm.

Q _ What is the meaning behind the gate of humility in front of the farm?

A _ It is built quite low so you have to lower your heads and be humble to enter. The gate is built small because the farm has a simple atmosphere. I did not want this farm operation to be something grand. The name "gate of humility" came later as people began to come and go and they jokingly said, "The gate is built to keep our pastor humble."

Q _ What do you believe are the essential virtues necessary for the Farm of Love?

A _ Nothing more than love and patience--you have to have a lot of patience to work here. There is not only hard physical work to endure, but also when you work with the homeless, you find many hardships in forming relationships with them. You really need to be able to love these people to continue to serve them and treat them with kindness.

Q _ How do you see the future of the farm?

A _ These days, I work more on a day-to-day basis without thinking much about the long-term goals. But I do want to continue helping those who are thoroughly exhausted, those who have lost the will to live, and those who have serious work to do to mend their hearts. They need to come to the forest and breathe fresh air. And as they begin to work here, they are able to regain their mental and physical health and grow attached to the farming life. If they make up their minds to better their lives through farming, we send them to the Sunrise Community in Pochun. There they are able to learn about Christianity and agricultural practices. It is all part of helping them regain their lives. The Farm of Love is not just a place to work. Every day at seven o'clock, we begin our spiritual meditation. The key point of the spiritual exercise is to drink coffee like an emperor. When people here drink coffee, they don't really enjoy themselves. They are merely filling themselves with the coffee without any pleasure, because they don't feel entitled to anything and have no confidence whatsoever. But you know, if you drink coffee like an emperor, you become an emperor. If you drink coffee like a queen, you really become a queen. This is how they rediscover themselves and heal themselves. It is just a cup of coffee but this is how they begin to change their attitudes toward life.

When everyone is busy going to work at seven in the morning, we are enjoying our cup of coffee and the fresh air. How can we not be the happiest people on earth? That is why I always say, "Drink like an emperor." When your clothes are all soaked from the rain, there is no need to worry about getting any wetter. Just put down all your worries and anxieties because this is the worst of times and it can only get better. If you have a good cup of coffee and realize how precious it is to live and farm in the woods, then you are all set. That is what I want to tell them.

Q _ Did a change occur in your life while doing this farm work?

A _ Well, my face has become very dark from all the exposure to the sun (laughter)··· I learned that there is really no strict manual for life. You can live any which way and you will be fine. Another important lesson I learned was that people become healthy and rehabilitate their minds and bodies by working in nature. Labor and prayer in nature make people positive and bright. All these things I knew in my mind, but I was able to experience them firsthand and see with my own eyes.

Q _ Is the farm operated under sustainable agricultural practices?

A _ Yes, it is run without any chemical pesticides or herbicides. Also, we use compost and not synthetic fertilizers to enrich the soil.

PART 07

지역 공동체가 지원하는 농업(CSA)
Community Supported Agriculture

CSA(Community Supported Agriculture)라는 사회적 현상을 포착한 것은 완벽한 우연에 가까웠다. 우리가 처음 '농부와 요리사'라는 식당에 갔을 때에는 나는 그저 이곳이 신선한 유기농 야채를 먹고 살 수 있는 곳이라고밖에 생각하지 못했다. 그런데 식당 곳곳에서 'CSA 농작물을 여기서 가져감'이라고 쓰여 있는 포스터들이 쉽게 눈에 띄었다. 이런 유기농 음식점에 왜 이런 문구들이 적혀 있는지 궁금해지기 시작했는데 그것은 곧 우리와 CSA의 첫 만남이었다.

It was entirely by coincidence that we came across the movement known as CSA (Community Supported Agriculture). When we first came upon the restaurant Farmer And the Cook, I thought it was a great place to eat and buy fresh organically grown vegetables. As I began to look around the restaurant, I found signs saying "CSA pickup here." I began to wonder why there were such signs in an organic produce restaurant. I found myself asking, "What is CSA and what does it have to do with this restaurant-market place?" That was our first encounter with CSA.

지역사회가 지원하는 농업(CSA)

5월의 한 주 동안 나는 미국의 월마트와 오하이가 인증한 농산물 직판장을 방문함으로써 소비자로서 경험의 양극에 치닫는 기분이었다. 심부름을 하기 위해 들어선 월마트는 정말 거대한 사이즈로 사람을 놀라게 했다. 나는 진공청소기와 모기약에서 야채와 과일까지 광범위하게 파는 이 마트 안에 만일 축구장이 들어선다면 몇 개가 들어갈까 속으로 생각해보았다. 냉방이 잘된 통로와 초고속 계산, 소비자가 필요로 하는 모든 것을 갖고 있다는 소리 없는 약속, 그리고 그 놀라울 정도로 싼 가격이 너무 좋았다.

그러나 또 한편으로는 '이게 정말 우리가 살아가야 할 방식인가?' 하는 의문이 들었다. 이런 최적화된 소비자로서의 경험이 지역 재배자들과 지역 공동체에 어떤 영향을 끼칠까 우려됐다. 2002년 한 통계에 따르면 미국인들이 쓰는 1달러 중 7.5센트는 월마트에서 쓴다고 한다. 이런 거대한 유통업체들의 입김 속에서 나는 공장형 농장들과 제3세계 국가들에 있는 대농장들의 영향력 속에서, 지역적으로 재배되고 소비가 장려되는 농작물의 미래를 쉽게 그려볼 수 없었다.

월마트에 다녀온 며칠 후, 나는 직접 재배한 유기농 제품들을 갖고 작은 판매대 앞에서 직접 소비자들과 만나고 있는 모습을 보기 위해 오하이에 있는 농산물 직판장을 방문했다. 딸기를 팔고 있는 한 농장 주인은 지나가는 사람들에게 딸기를 맛보라며 선뜻 내주었다. 언뜻 보기에 그 딸기는 작고 단단해 보여 맛있을 거라는 생각이 들지 않았다. 그러나 이 딸기들은 내 입안으로 들어간 순간 얼마나 달콤한 맛을 갖고 있는지 증명했다.

이 딸기들은 농약에서 자유로웠다. 그래서 더욱 더 달콤한 맛을 갖고 있는 듯했다. 함께 갔던 부모님도 각각 유기농 라벤더와 아몬드 판매장을 관심 있게 둘러보고 있는 중이었다. 부모님이 내가 서 있는 딸기 판매대 앞으로 오자 내가 생각했던 대로 그들은 방금 산 라벤더 꽃과 아몬드를 들고 있었다. 나는 음식에도 명품이라는 게 있다면, 이 상품들이 지역 내에서 유기농으로 자랐다는 사실만으로도 최고급 수준일 것이라는 생각이 들었다. 그리고 그 맛과 모양새는 그 사실을 증명하고 있었다.

마켓 전체를 둘러보면서 우리는 일요일 아침에 신선한 음식 재료를 사기 위해 나오신 선생님들과도 만나 이 야채와 과일에 대해 얘기를 나누었다. 이런 경험을 하면서 나는 이 농산물 마켓이 상쾌한 아침과 농작물을 즐기면서 얼마나 공동체를 가깝게 해주는지 온몸으로 느낄 수 있었다. 이 마켓에 감으로써 지역 경제와 농장들을 지원하게 되었지만, 우리는 우리 자신들이 일요일 아침 예기치 않은 큰 즐거움을 얻었다. 그만큼 일요일 농산물 직판장 방문은 즐거웠다.

유기농 식품가게 '농부와 요리사'

부모님께서 5월 한 주 나를 보러 오셨을 때, 나는 이때다 싶어 부모님과 함께 오하이 외곽에 있는 '농부와 요리사'라는 식당과 유기농 가게가 한 지붕 아래 공존하는 곳을 방문했다. 우리가 그 곳에 간 이유는 활발하게 운영되는 슬로 푸드 식당에 가 그 곳의 음식에 대한 궁금증을 풀기 위해서였다. 그러나 우리는 작은 규모치고 먹을거리와 나라별 요리가 많은, 오하이에서 가장 맛있는 요리를 먹게 될 줄은 아무도 상상하지 못했다.

식당 안으로 들어가면서 우리는 그저 요리를 만들 때 의식적으로 유기농 야채를 쓰는 식당을 만나는 줄 알았다. 물론, 그것만으로도 충분히

대단하지만 말이다. 저녁식사를 하면서 우리는 신선하고 침을 돌게 하는 다양한 요리들에 놀랐다.

우리가 슬로 푸드 움직임에 대해서 말할 때, 많은 경우 우리가 어떻게 농부들에게 힘을 주고, 재배자와 소비자를 서로 어떻게 연결시켜 '좋고 깨끗하고 공정한' 음식에 대한 비전을 바탕으로 밀접한 공동체를 형성해가야 할지에 대해 논한다. 그러나, 그 무엇보다도 내가 이 농장 카페에서 느낀 제일 큰 점은 얼마나 음식이 대단한가였다. 슬로 푸드에 관해 소비자로서의 최대 이점은 이런 신선한 지역에서 재배된 야채를 사용한 음식이 정말 맛있다는 것이다. 채식주의자로서 사는 것이 얼마나 개인의 건강과 사회의 지속성 유지에 좋은 것인지 알면서도 절대 그렇게 변모할 수 없는 나조차도 지역 내에서 재배된 야채들만 들어간 요리를 정말 맛있게 먹었으니 말이다.

우리가 시킨 메뉴는 간단했다.

여기에서 요리에 쓰는 야채와 과일은 모두 지역 내에서 유기농으로 재배되었고 그 차이는 현저히 느껴졌다. 야채와 과일은 그 모양과 탱탱함을 잃지 않았고, 입속에 들어가서는 향과 맛이 폭죽처럼 터졌다. 일반적으로 우리가 먹는 요리가 하나같이 맛을 내기 위해 조미료를 쓰고 많은 기름과 소금을 씀으로써 본래의 맛을 가리는데 이곳의 음식들은 그렇지 않았다. 순수하게 재료만으로도 입 안 맛봉오리들의 관심을 끌었다.

이 농장 카페 다른 한 쪽에는 오하이 주에서 생산된 농약 없이 기른 야채, 과일 등과 다른 지역에서 역시 무농약으로 재배된 것을 판매하는 작은 가게가 있었다. 이곳을 둘러보면서 나는 그들이 지역 와인과 맥주까지 창의적으로 선보이려 하는 노력에 놀랐다.

나는 농장을 둘러보며 이 농장 카페가 어떻게 돌아가는지도 궁금했지만, 이 식당에서 어떻게 이토록 다양한 지역 재배물을 내놓을 수 있는지가 더 궁금해졌다. 그리고 그 궁금증은 그들의 웹사이트를 방문한 후 곧 해결됐다. 그들은 CSA 운영을 통해 지역 농산물을 자신과 오하이 공동체에 제공할 수 있었던 것이다.

CSA란 소비자와 농부가 서로 유기적으로 연결되어 있어 소비자가 미리 농산물 값을 내고 농부들은 그 돈으로 농사를 지어 소비자에게 주는 형식이다. 따라서 그들은 CSA를 통해 오하이 내에서 가장 신선한 재배물을 먹을 수 있다고 스스로 자부한다. 이런 상호 도움이 되는 관계를 통해 소비자는 재배자를 알게 되고, 서로 신뢰관계를 형성함으로써 지역 경제와 공동체를 굳건히 세우는 데 일조할 수 있는 것이다.

농부와 지역 공동체가 서로 믿고 의지하다

CSA는 무엇이고 식당 '농부와 요리사'와는 무슨 관계가 있을까?

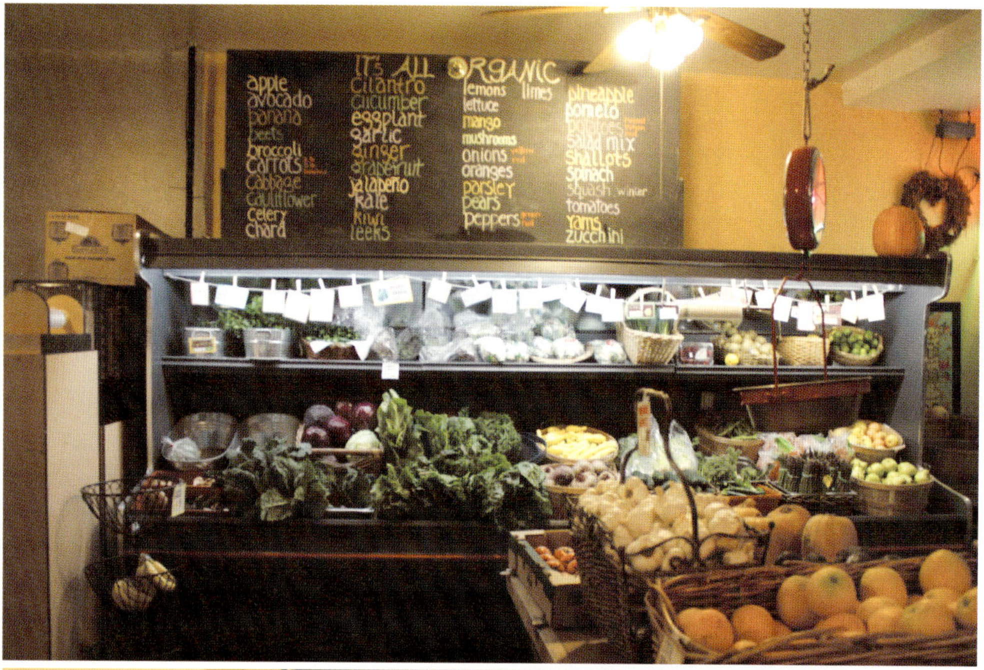
IT'S ALL ORGANIC
apple
avocado
banana
beets
broccoli
carrots
cabbage
cauliflower
celery
chard
cilantro
cucumber
eggplant
garlic
ginger
grapefruit
jalapeno
kale
kiwi
leeks
lemons limes
lettuce
mango
mushrooms
onions
oranges
parsley
pears
peppers
pineapple
pomelo
potatoes
salad mix
shallots
spinach
squash winter
tomatoes
yams
zucchini

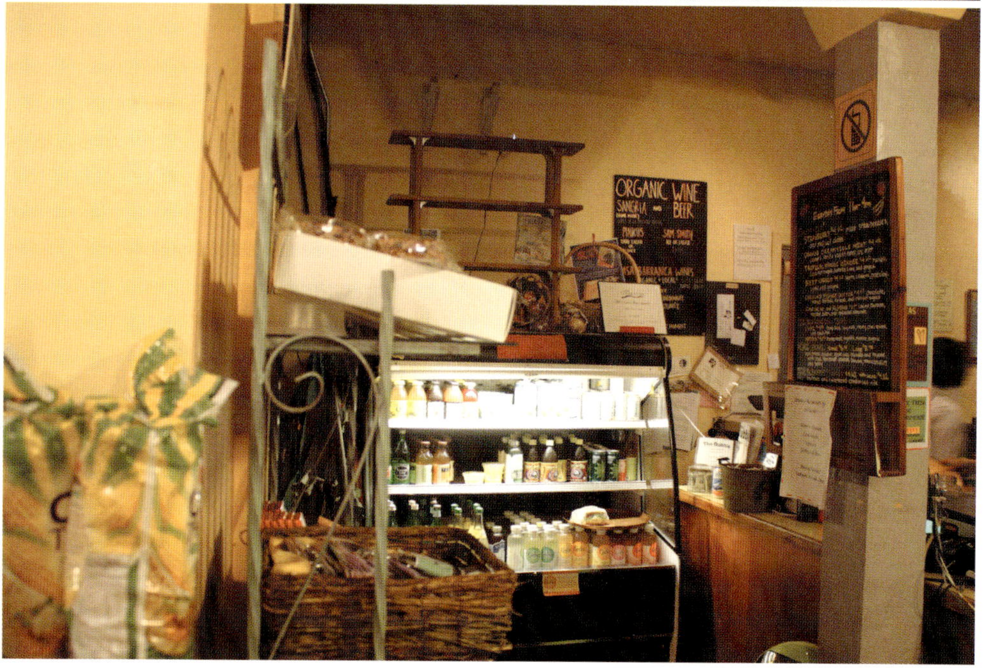
ORGANIC WINE
SANGRIA
BEER

그 궁금증을 풀기 위해 인터넷으로 검색을 하자 CSA가 Community Supported Agriculture, 즉 공동체 지원 농업이라는 것을 알게 되었다. 미국의 농림부는 CSA가 '특정한 농장을 지원하는 개개인들로 이루어진 공동체와 그 농장이 서로 계약을 맺고 농사의 부담과 이익을 나눔으로써 법적으로 또는 정신적으로 그 공동체의 농장이 되는 것'이라고 정의해 놓고 있다. 이런저런 자료를 검색해 보며 미국 내 이런 공동체 활동이 지난 십 년 동안 미국 사회에서 상당히 위력을 갖고 있다는 것도 알 수 있었다.

CSA의 가장 기본적인 전제는 농부와 공동체가 서로 믿고 의지하는 데 있다. CSA는 각 가정에 계절별 신선한 먹을거리를 보장하는 것이다. '농부와 요리사'라는 식당의 마법은 식당 이름 그대로 훌륭한 재료와 훌륭한 요리가 만나고, 농장과 부엌의 조화에서 비롯된다는 것을 비로소 이해하기 시작했다.

나중에 알게 된 것이지만 농장은 식당보다 훨씬 일찍 시작되었고, 그 농장 없이 이 식당은 문을 열 수 없었다. 농장은 식당에 재료를 공급할 뿐만 아니라 미국 오하이 지역과 그 근방에 CSA를 통해 농산물을 제공하고 있었다. 농부와 요리사 웹사이트에 들어가 보면, 그들이 제공하는 주별 농산물이 어떤 것인지 다음과 같이 광고하고 있다.

겨울철/봄철 상품

상추, 시금치, 양상추, 브로콜리, 배추, 낭트 당근, 청경채, 향미료, 사탕무, 프랑스 아침용 무우, 마늘, 아루굴라, 칠란트로 향신료, 스위스 근대, 곱슬곱슬한 케일, 칼러드 채소, 꽃상추, 박하, 녹양박하

CSA는 공동체가 자기의 먹을거리를 재배하는 과정과 재배하는 사람을 아는 것이 얼마나 중요한 것인지 알려준다. CSA의 철학을 알고 나서 우리는 직접 이 농장에 뛰어들어 이런 활동을 하기 위해 들어가는 노력을 직접 느껴보는 것이 중요하다고 생각되었다. 그래서 나와 내 친구는 지체하지 않고 농장주인 스티븐에게 연락을 했고, 마침내 1주일 후 농장으로 오면 직접 일을 하며 배울 수 있게 해주겠다는 답변을 얻었다.

농장주인과 약속을 한 토요일 아침, 일찍 일어난 우리는 그제야 농장이 어디 있는지조차 모른다는 사실을 깨달았다. 그래서 생각한 것이 농장이 식당 바로 옆에 있지 않을까였고, 식당으로 가면서 제발 농장이 가까이 있기만을 바랬다. 게다가 우리에겐 차도 없었다.(캘리포니아에서 차가 없으면 이동이 불가능하다!)

우리는 이 마을 밖에 있는 농장을 찾아가기 위해 일단 걷기 시작했으나 길을 잃고 말았다. 방향을 잃고 결국 택시를 부르는 등 야단법석을 떠는 동안 우리는 이미 지쳤다. 차도, 방향 감각도 없는 우리가 아무 것도 없는 시골 한복판에 있는 농장을 찾는, 눈물겨운 이야기는 다 생략하

식당 '농부와 요리사'에서는 오하이 주에서 재배된 유기농 식품을 판매하기도 한다.

기로 한다.

드디어 어렵사리 농장에 도착한 우리는 농장주인 스티븐을 만났다. 그는 처음 만나는 순간부터 정식 인사법마저 잊게 만드는 활기차고 따뜻한 인상을 가진 아저씨였다. 그의 흰 머리칼이나 얼굴 등은 대략 50대 초중반으로 보였다. 우리가 슬로 푸드에 관심을 갖고 있는 고등학생들이라고 인사를 하자 그는 "숙녀분들은 이미 지금 슬로 푸드 중심점에 서 있다."라고 말하면서 우리를 반갑게 맞았다.

스티븐은 슬로 푸드라는 이름 자체가 구식이고 우리 사회에서 이미 매력적이지 않아 사회에 변동을 일으키는 데 도움이 안 되기 때문에 버려져야 한다고 역설했다. 이 말은 나에게 깊은 생각을 하게 했다. 그것은 내게 처음으로 공동체와 음식에 관한 이 사회적 움직임에 또 다른 면이 존재한다는 것을 일깨워 주었기 때문이다. 그리고 유기농제품이라는 조금 더 비싼 농산물을 신선하고 같은 지역에서 재배되었다는 이유로 구매하는 것이 엘리트적 활동으로 생각하는 것을 넘어서야 한다는 것을 깨닫게 했다. 즉, 건강한 농산물 재배를 통해 지속 가능한 공동체를 세우고 비전을 갖고 커나가기 위해서는 대다수의 사람들에게 호소할 수 있는 메시지를 담고 있어야 한다는 것을 깨닫는 순간이었다.

스티븐이 화두로 내세운 또 다른 것은 우리가 많은 식품 문제와 대면하면서 실제로는 이름과 리더십만 다를 뿐이지 서로 비슷하다는 점이다. 더 나은 공동체로서의 해답을 얻기 위해서는 이에 대해 더 연결된 활동이 필요하다는 것이다.

오하이만을 두고 봤을 때에도 이 작은 마을 안에 녹색연합, 생각을 돕는 식품, 슬로 푸드 연합, 공동체 지원 농업 등의 그룹들이 있는데 이것들이 서로 어떻게 비슷하고, 어떠한 면에서 힘을 합치면 더 효율적인지에 대해 큰 소통 없이 존재한다. 이 다양한 그룹들을 모아 오하이 공동체를 향한 종합적인 메시지를 보내는 것이 중요하다고 여겨진다.

다시 농장 얘기로 돌아가자. 스티븐은 지체 없이 우리 손에 칼을 쥐어주고 브로콜리가 심어진 곳으로 데리고 갔다. 나는 브로콜리를 너무 좋아한다. 처음 브로콜리 밭을 봤을 때는 브로콜리를 너무 사랑하는 나로서는 이 브로콜리들을 따서 내 입 대신 박스 안에 넣어야 한다는 사실에 힘들겠구나 하는 생각이 들었다.

그런데 내 마음을 어떻게 알았는지 스티븐은 샐러리를 하나 뽑아서 아래에서부터 한 입 베어 물더니 나에게도 한 입 건네며 땅에서 딴 것은 무엇이든 먹어도 된다고 말했다. 먹어도 된다는 말에 기쁘기도 했지만, 무엇보다 자신의 농장과 재배물에 대해 가지고 있는 스티븐의 자신감이 나를 놀라게 했다. 이 행동 하나하나는 정부가 허락한 유기농 채소용 농약조차 치지 않음에도 불구하고 그의 농작물이 별 이상 없이 자란다는 것을 증명했다.

내가 잘라야 하는 브로콜리는 머리가 멜론보다 큰 녀석들이었는데도 나는 첫 번째 박스를 재빨리 채우고 다음 박스로 움직였다. 브로콜리

브로컬리 농장에서의 한지윤.

가 끝난 후에는 샐러리, 무, 라벤더꽃 등을 수확했는데 이것들은 '농부와 요리사' 식당과 일요일에 열리는 농산물 판매장에서 팔기 위한 것들이었다.

우리가 일하는 동안 스티븐은 우리에게 엘리티즘, 전 세계적 파장력, 그리고 오하이 밸리 내에서의 미래 입지와 같은 슬로 푸드의 다양한 이슈들을 이야기해줬다. 특히 남부에서 미국 정부가 유기농 승인제도를 만들기 전, 한 거대 기업형 사과 농장의 거짓된 유기농 표기법을 밝혀냈을 때 이야기는 매우 인상적이었다. 스티븐이 그 사과 농장이 농약을 심하게 치는 것을 설명할 때 나는 그것이 소설 《정글》에 있는 고기 도축업과 비슷하다고 말했는데, 내 말을 들은 스티븐은 나의 음식법안과 소비자 신뢰 위반에 관한 지식에 놀라는 표정을 보였다.

비록 하루밖에 안 되는 짧은 시간이었지만 스티븐 농장에서 일하면서 나는 스티븐과 친해졌고 더 남은 질문이 있다면 이메일을 주고받기로 하고 헤어졌다.

Community Supported Agriculture (CSA) in the USA

It was entirely by coincidence that I came across the movement known as CSA. When I first came upon the restaurant "Farmer and the Cook," I thought it was a great place to eat and buy fresh organically grown vegetables. As I began to look around the restaurant, I found signs saying "CSA pickup here." I began to wonder why there were such signs in an organic produce restaurant.

Farmer's Market

One weekend I experienced both ends of the spectrum as a consumer in Wal-Mart and the Ojai Certified Farmers Market. As part of an errand run, I stepped into Wal-Mart and was seriously taken aback by the sheer size of this superstore. I wondered to myself how many soccer fields could be inside this store that carried products ranging from vacuum cleaners to pesticides to vegetables and fruits. A part of me relished the air-conditioned aisles, the hyper efficient transaction, the unsaid promise of supplying "everything you'll ever need," and the signature low price.

However, I also began to wonder, "Is this really how humans were meant to live?" and question what this optimal consumer experience meant to the local producers and our local community. In 2002, a statistic was released that for every dollar the American consumer spent, 7.5 cents were spent in Wal-Mart. Under the influence of this retail giant, I had a hard time seeing the future of locally grown and promoted produce trying to hold its own in a competition against food that came from factory farms and large plantations in developing countries.

Then, on the Sunday of the same week, I made a small trip to the Farmers Market in Ojai to be in the midst of the buzz and the frenzy of transactions and chats between Ojai consumers and the local farms that represented themselves in small stands and enthusiastically promoted their pesticide-free organic produce.

The people selling the strawberries allowed passersby to try a few

before buying their strawberries. At a glance, these strawberries looked pretty small and hard, not giving off the feeling that they would be sweet. The sweetness of these berries, however, was proved to me instantly as I tried one. These strawberries were safe from pesticides and sprays and this added to the taste a great deal.

As I looked over at my parents, they were each respectfully engrossed in organically grown lavender and almond nuts. As they came to stand by me in front of the strawberry vendor, sure enough, they each had bought their lavender sachets and almonds. I began to think that if there were such a thing as food luxuries, these would be of the highest caliber with their local and organic status. And their taste and looks proved it.

As we looked around the entire market, we met up with my teachers, who were on a food-shopping spree on a Sunday morning as well, and had some delightful conversation regarding the vegetables and fruits that were here. This was a living breathing moment for me to understand just how much this Farmers Market brought the community together as we enjoyed the fresh morning and produce. While supporting the local economy and growers, we did not feel as though we were doing anyone but ourselves a favor with this delightful morning treat.

The Farmer and the Cook

When my parents visited me for a weekend in May, I decided to seize the opportunity to go to the outskirts of Ojai and experience "The Farmer and the Cook", a restaurant and an organic market under one roof. We simply went on this mission to satisfy my curiosity of seeing and sampling a Slow Food restaurant that was up and running. However, no one expected to enjoy one of the finest dining experiences we had in Ojai, a town full of various eateries and cuisines. When we went in, we simply anticipated beholding a restaurant that only utilized local organic produce in creating their dishes, already an amazing feat in itself. By the time our dinner was over, however, the fresh and succulent dishes stunned us and enlightened us of the greater advantages in having locally grown vegetables in our meals. Very often when we talk about the Slow Food Movement, we engage in the topic of how we can empower the farmers and connect the producers and the consumers in a tightly knit community built on the vision of "good, clean, and fair" food. Nevertheless, the strongest impression that I received of this farm-café was simply how amazing the food was. The best thing about enjoying slow food from the consumer side is just how great the food can be, using fresh locally grown produce. As someone who can never consider becoming a vegetarian despite all the health and sustainability gains, I still truly enjoyed a meal that only consisted of locally grown vegetables.

The menu we ordered was simple.
Salad: farm watercress, pea pod, radish & kumquat with a wasabi, mint & kaffir lime dressing $8.50
Flatbread topped with fava bean "falafel", asparagus, caramelized onions, meyer lemon slices, mint, tahini, & cucumber with feta cheese $10.50
Jalapeno Poppers–we stuff them with mozzarella and goat cheeses, fry them in a beer batter & serve them with a sweet roasted red pepper sauce $7.50
Pizza Mediterranean- pesto, pomodoro, feta cheese, mozzarella cheese, red peppers, red onions & kalamata olives $12.75

As you can see from the "It's All Organic" blackboard, the vegetables in our dishes were all locally and organically grown and you could tell the difference. You could tell by the way the flavors of the vegetables exploded in your mouth like firecrackers. You could tell by how the vegetables retained their shape and firmness and lost none of their vibrant colors. The dishes did not have to rely on synthetic flavoring to enhance the flavor nor did they mask the taste with excessive oil and salt. These locally grown vegetables and fruits captivated your taste buds all on their own.

On one side of this farm café, there was a small grocery store that sold Ojai's untreated vegetables, fruits, and other local produce. There I

CCOF
Certified
Organic
www.ccof.org
USDA – National Organic Program

Certified
CCOF
Organic

Healthy Family Farms
Poultry, eggs & meats – always grass-fed, free-range, fresh and delicious!

was pleasantly surprised by their conscious efforts to creatively present their local produce and go so far as to provide local wine and beer. While trying to figure out how a farm café works, I came to have more questions like how was this place able to offer such a wide variety of locally grown harvest. After visiting their website (http://www.farmerandcook.com/), I learned about their participation in the CSA (Community Supported Agriculture). By working with the CSA, the Farmer and the Cook is able to supply local harvests to its restaurant and to those in the community. The CSA is a model in which the consumers of the harvested goods pay for the local produce they contract to purchase and the farmers use this money to conscientiously grow their food. The CSA provides the "freshest way to buy produce in the Ojai Valley." In this mutually beneficial relationship, the consumers come to "know their grower" and can show their support for the strengthening of the local economy and community.

CSA in Ojai Valley, California

Community Supported Agriculture consists of a community of individuals who pledge support to a farm operation so that the farmland becomes, either legally or spiritually, the community's farm, with the growers and consumers providing mutual support and sharing the risks and benefits of food production. Typically, members or "share-holders" of the farm or garden pledge in advance to cover the anticipated costs of the farm operation and farmer's salary. In return, they receive shares in the farm's bounty throughout the growing season, as well as satisfaction gained from reconnecting to the land and participating directly in food production. Members also share in the risks of farming, including poor harvests due to unfavorable weather or pests. By direct sales to community members, who have provided the farmer with working capital in advance, growers receive better prices for their crops, gain some financial security, and are relieved of much of the burden of marketing.

United States Department of Agriculture National Agricultural Library

I found myself asking, "What is CSA and what does it have to do with this restaurant-market place?"

After a little bit of research, I found out that CSA stands for Community Supported Agriculture, a simple idea that has been gaining hold in the United States for the last decade. The United States Department of Agriculture defines CSA as the "community of individuals who pledge support to a farm operation so that the farmland becomes, either legally or spiritually, the community's farm, with the growers and consumers providing mutual support and sharing the risks and benefits of food production." The basic premise of the

CSA is grounded in the trust and mutual reliance between the farmer and the community. Although CSA does not expand your household stock of fruits and vegetables that are of exotic variety or out of season, it does guarantee the fresh harvest of each season. I began to understand that the magic of the Farmer and the Cook really was the combined components of fine cooking and fine produce, kitchen and farm. What I learned later was that the farm came much before the restaurant came about and that without the farm, the restaurant could not have been created. The farm not only provides for the restaurant, but also serves the greater Ojai community through its CSA efforts. In the Farmer and the Cook website, they advertise what the weekly harvest may look like.

Winter/Spring Box:
Our Lettuce Mix, Spinach, Radicchio, Broccoli, Cabbage, Nantes Carrots, Bok Choi, Fennel, Golden or Crimson Beets French Breakfast Radishes, Green Garlic, Arugula ?ilantro, Rainbow Swiss Chard, Curly Kale, Collard Greens, Fennel, Endive, Peppermint, Spearmint

The more I found out about the CSA, the more I thought it would be the perfect topic to introduce in our book. CSA ascertains the importance of the community knowing the grower of their food and supporting the local growers with connections like the CSA. After

Fields of lavender and lettuce at Steven's farm.

acquainting myself with the philosophy and politics behind CSA, I thought it was high time I actually visited the farm and saw for myself the work and grunt that it takes to run such a place. My friend Liza DiNizio and I contacted Steven Sprinkel, the co-owner of both the farm and the restaurant, and soon enough we were allowed to visit the following Saturday to help volunteer in doing the farm work.

Rising up early on Saturday morning, we quickly realized we had no idea where the farm was located but was hopeful it might be attached to the restaurant so that just by dropping by the Farmer and the Cook, we would have accomplished the mission of locating the farm. Unfortunately for us without a car, the farm turned out to be located way out of the town and the effort of trying to first walk, then ask for detailed directions, and finally calling a local taxi exhausted us even before we reached the farm. The story of two girls with no car or sense of direction trying to find a remote farm in the middle of nowhere is a heartbreaking story in itself, but I will fast forward to when we thank goodness located Steven Sprinkel hard at work. Steven is the kind of person who upon first meeting, you lose all your formality and can't help but call him Steven instead of Mr. Sprinkel. Seemingly in his early to mid fifties, his graying hair and aging facial features fail to hide his energetic and effusive personality. As soon as we identified ourselves as the high school kids interested in the slow food movement, Steven proclaimed, "Well ladies, you are at ground zero of slow food!"

Later, after some conversation, he denounced the title "slow food movement" as something that must go, something that is holding back the movement itself because it gives the impression of being old-fashioned and untrendy. This comment really captivated me, because it showed me for the first time another side of this movement regarding community and food. To move beyond what is often accused as elitist sentiment invested in eating higher priced farm produce for its freshness and local background, I realized that this movement must find a way to appeal to the masses of this nation to fulfill the great promise it holds for the future and vision of sustainable community building through a commitment to healthy agricultural practices.

Another point that Steven brought up regarded the need to better coordinate the efforts to create better community-wide responses toward food issues among food movements with similar goals that function under different names and leadership. Just in Ojai, groups like the Green Coalition, the Food for Thought movement, the Slow Food network, and Community Supported Agriculture, all stand on their own without much communication as to what they might have in common and how they might combine forces to better achieve their goals. It would seem critical to bring together all these movements to spearhead a general and overriding message for the community so that all these diverse movements can succeed in keeping the food local and

organic.

Back at the farm, Steven instantly put us to task with a knife in each of our hands as he led us to the broccoli rows. I am a real broccoli lover so this job was dangerous for me as I might have had a hard time restraining myself from putting these broccolis into my mouth instead of the boxes. However, Steven told us right away that we could eat whatever we reaped from the ground as he cut a celery stalk and began munching at its bottom and reached out to give me a bite as well. The confidence he had in his farm and his produce astounded me as this one act really proved to me that Steven does not even use government approved organic pesticide on his vegetables and yet, they grew to such gigantic sizes without much blemish or deformities. The broccoli heads that I had to cut were only those that were as big as a melon and although I was only on a strict lookout for these particular fully grown broccolis, I quickly filled up my first box and was ready to move on to the next. After broccolis came celeries, beets, and lavender flowers, that were harvested for the Farmer and the Cook and the Farmers Market on Sunday.

As we worked from row to row, Steven outlined for us the various issues in slow food such as elitism, global effectiveness, as well as its future and its place in the Ojai valley. I had a particularly proud moment when Steven was describing his past gig in the South at an apple farm with deceptive organic standards and how he had put his foot down on this big name farm, denouncing it for its less than organic standards in a time before the USDA certified organic produce. As Steven described the heavy use of pesticide on the apple farm, I offered the story of Upton Sinclair and *The Jungle*, and Steven was pleasantly surprised that I could demonstrate my knowledge in food legislation and violations of consumer trust. I hope to continue this relationship with Steven to take full opportunity of my time in the Ojai valley learning about community building through agriculture.

PART 08

원주의 농민 새벽시장
Won-ju Morning Market

매일 새벽 4시부터 오전 9시까지 열리는 원주의 농민 새벽
시장은 농민이 직접 재배한 농산물을 소비자들에게 싼값
으로 판매하는 곳으로서 한국에서 주목 받는 로컬 푸드 유
통체계로 자리를 잡았다. 이 시장은 순수하게 농민이 주도
하는 유통체제로서 정부도 그 가능성을 인정했다.

Wonju Morning Market opens daily from 4 to 9 a.m. and
consumers can buy fresh produce directly from farmers. It
has become a leader in the field of direct distribution of local
food and has received government recognition.

농민이 여는 로컬 푸드의 유통체계, 원주의 농민 새벽시장

생산자와 소비자를 연결하는 체계가 항상 문제이다. 유통이 발목을 잡는 셈이다. 생산과 소비에 아무런 문제가 없더라도, 유통이 부실하면 경제활동에는 문제가 발생한다. 이러한 문제는 특히 생산자가 정보를 충분히 갖고 있지 못할수록 어려움을 야기한다. 농산물을 생산하는 농민의 경우가 대표적인 예이다.

그러나 현실적으로 농민이 유통을 주도하는 예는 흔하지 않다. 미국과 같은 기업형 농사에서는 생산자가 시장을 좌우한다고 하지만, 한국의 경우 농민은 항상 유통체계에서 열세에 있다. 이러한 전통적인 농민의 어려움을 극복하고자 하는 시도가 강원도 원주에서 나타났다. 원주 농민 새벽시장이 그것이다.

원주에는 매일 농민들이 주도하는 새벽시장이 열린다. 원주교-봉평교 사이의 원주천 둔치에서 열리는 6,250㎡ 규모의 농산물 새벽시장이다. 작은 가판대가 아니다. 매일 많은 농산물이 이곳에서 직접 거래된다.

1994년 처음 개장한 이래 꾸준히 성장한 원주 새벽시장은 2010년에는 하루 평균 600여 명씩 24만여 명이 이용해 80억 원 정도의 거래가 이루어졌다. 2009년의 75억 원보다 7% 가량 증가한 수준이다. 이용객을 기준으로 보자면 2009년 이용객 22만 명보다 13% 가량 증가한 수준이다.

2010년의 경우에는 4월 말 개장하여 12월 10일까지 8개월 가량 장이 섰다. 봄부터 겨울이 오기까지 매일 새벽 4시부터 오전 9시까지 시장이 열린 것이다. 2011년에는 4월 20일 새벽시장이 개장되었다. 새벽시장에서는 235일 간 500여 명의 원주지역 회원 농민들이 직접 생산한 농산물을 소비자들에게 싼값으로 판매한다. 특히 올해부터는 소비자들의 선호도가 높아지는 친환경 농산물 전문 판매 코너를 신설해 운영하는데 호응이 좋을 경우 더 확대해 나갈 예정이다.

원주 새벽시장은 한국에서 주목을 받는 로컬 푸드 유통 체계로 성장하였다. 순수하게 농민이 주도하는 유통체제로서 정부도 그 가능성을 인정하여 인센티브로 카트 100대를 지원하여 찾아오는 손님들의 편의를 돕고 있다. 차량의 시장 진입도 억제하여 차량으로 인한 혼잡스러움도

새벽시장에 나온 인삼, 꽃, 채소 모종, 무우.

해소됐다.

2010년 여름, 새벽시장을 둘러보고 난 후 새벽시장에 관한 여러 가지 궁금증이 일었다. 그래서 원주 농축산물 유통협의회장을 맡고 있는 지경식 회장님을 만나보기로 했다. 지경식 회장님이 사는 곳은 원주 시내에서 조금 떨어진 용암 2리였다. 용암 2리는 한적한 시골마을이었다. 마을 어귀에 원두막이 있고, 거기에서 맛있는 옥수수를 파는 아주머니에게 지경식 회장님이 어떤 분인지 여쭈어 보았다. 그런데 그 아주머니 대답이 정말 재미있었다.

"아, 그 사람이 바로 우리 남편이여. 저기 체험 관광객들 안내하느라 정신이 없으니까 쫌만 기다리게."

우리는 웃으면서 그 아주머니에게 찐 옥수수를 사서 먹었다. 그 옥수수는 내가 이제까지 태어나 먹어본 옥수수 중에서 가장 맛있었다. 그리고 왜 사람들이 강원도 옥수수를 찾는지 이해가 되었다.

빗방울이 흩뿌리는 날씨에도 지경식 회장님은 바빴다. 도시에서 마을로 체험을 온 관광객들을 안내하느라 쉴 틈이 없으셨던 것이다. 원두막에서 30분 정도를 기다린 후에야 비로소 이야기를 나눌 수 있었다. 다음은 지경식 회장과의 일문일답.

Q _ 새벽시장이 어떻게 시작됐는지 궁금합니다.

A _ 원래는 원주 중앙시장 도로가에서 대여섯 명이 시작했어요. 도매시장 단

가보다 싸게 받았는데, 도매시장이 만 원을 받으면 8,000원을 받았지요. 그랬더니 금방 상인들로부터 항의가 들어오고 심지어 싸움도 벌어졌어요. 농민들은 매번 도망 다니기 바빴어요. 한 3, 4년은 도망 다녔나. 그래 이래서는 안 되겠다 싶어 소공동체를 형성하고 30~40명이 힘을 모으게 됐습니다.

Q _ 대표님께서는 언제부터 회장직을 맡고 계신지요?

A _ 1999년에 임기 1년짜리 회장을 했어요. 그리고는 2010년 1월부터 임기 2년짜리 회장을 시작했어요.

Q _ 새벽시장을 열었던 농민들이 도망 다닐 때 일은 어떤 식으로 해결을 했나요?

A _ 시의회 조례로 통과시켜서 하천 점령허가를 얻고 임시시장으로 등록을 시켰습니다.

Q _ 그 후 새벽시장이 사람들에게 큰 인기를 끌게 되었군요.

A _ 사람들이 많이 찾게 하기 위해 재미있는 이벤트를 많이 했어요. 찰옥수수, 감자, 복숭아 등을 갖다 놓고 시식회도 여러 번 열었지요. 얼마 전에는 장대평 농림부 장관을 이메일로 초청을 했더니 쾌히 승낙하고 다녀갔어요.

Q _ 전국적으로 많이 알려져서 그런가 봐요.

A _ 그래요. 어제는 〈대구매일신문〉에서 취재를 하고 가고, 일본의 NHK에서도 2박3일 동안 촬영해 갔어요. 많은 곳에서 찾아와서 홍보를 전담하는 사무장 제도도 도입했어요.

Q _ 많이 달라지고 있는 것 같은데 특기할 만한 발전 사항은 뭐가 있으신지요?
A _ 새벽시장에 정찰제를 도입하고 생산자를 정확히 표시하고 있어요. 가격을 붙이지는 않았지만 정찰제라는 것은 상한가 정찰제예요. 그래도 아직 100% 만족은 못하고 있습니다. 한 50~60% 정도 될까, 앞으로 더 해야지요.

Q _ 그런데 어떤 농산물을 주로 직거래하는지요?
A _ 원주시 거주자가 원주에서 생산한 농산물만 팝니다. 원주에서 농사를 지은 것만 판매한다는 뜻입니다. 수입 농산물은 거래하지 않습니다. 로컬 푸드라고 하기도 하고, 신토불이라고 하기도 하지요.

Q _ 현재 회원은 몇 명이나 되나요?
A _ 430명입니다. 10년 전에는 740명까지 됐었어요.

Q _ 늘어날 것으로 생각했는데 조금 뜻밖이네요.
A _ 노인들이 돌아가시니까 그렇게 된 거예요. 귀농인구가 늘지 않으니까 오히려 줄어들 수밖에요. 그래도 2009년에는 360명이었는데 현재 430명이니

조금 늘어난 거예요.

Q _ 새벽시장의 회원이 되기 위한 자격이나 조건 같은 게 있나요?

A _ 원주시 거주자로 원주에서 농사를 짓는 사람이면 누구나 가능합니다. 연회비가 있는데 연 6만 원입니다.

Q _ 새벽시장에서 거래되는 농산물이 다른 곳과 달리 특히 좋은 점은 무엇이 있는지요?

A _ 회원들에게 될 수 있으면 농약을 치지 못하게 하고 있어요. 대신 우렁이나 메기를 이용해 농사를 짓습니다. 밭에는 제초제를 뿌리지 않고, 대신 부직포를 깔아요. 내가 먹는다 생각하고 농사를 짓죠. 그러다 보니 볼품없어 상품이 상품 같지 않을 때도 있어요.

Q _ 그래도 알아주는 사람이 있나요?

A _ 사람들이 대부분 예쁜 걸 찾아요. 농약 처 바른 것들 말입니다. 그런 걸 계속 먹으면 2~3대 후에 기형아를 낳을 수도 있어요. 그건 바로 우리의 책임이에요.

Q _ 농약을 안 쓰시고 농사를 지으려면 정말 힘들겠어요.

A _ 풀과의 전쟁이죠. 근데 내가 꾀를 하나 내었어요. 도시 사람이나 큰 회사

순수하게 농민이 주도하는 유통체계로 자리잡은 원주 농민 새벽시장 이야기를 생생하게 들려준
지경식 도농축산물 유통협의회장.

사람들은 자원봉사를 희망하는 경우가 있는데 그런 봉사자들을 우리 마을로 데려오고 있어요. 특히 나이든 어르신들이 혼자 사는 경우에는 누군가 도와주지 않으면 농약을 쓰지 않고 농사를 지을 수가 없어요. 내가 열심히 뛰어 자원봉사자들을 끌어들여 논두렁 밭두렁 풀들을 깎고 있어요.

Q _ 자원봉사자들을 잘 활용하시는 거군요.
A _ 봉사는 인간관계로 이어갈 수 있어요. 명절 때 선물을 보내드리고, 옥수수 날 때는 옥수수, 봄에는 두릅 같은 걸 보내드려요. 정이 담겨 있어서 좋아들 하십니다.

Q _ 농약을 안 쓰는 게 그렇게 힘든 거군요. 그런데 마을을 위해 많은 일을 하시나 봐요.
A _ 제가 마을 농산물은 다 팔아주고 있습니다.(웃음) 1999년 12월 15일 마을 총회에서 처음으로 동네 이장을 맡게 되었는데 어쩌다 보니 네 번을 연임해서 8년 했어요. 나는 1992년 귀농을 했어요. 그 전에는 금융기관에서 직장생활을 20년 했지요. 귀농한 이후 농약을 치지 않고 농사를 지었어요. 양심상 농약은 못 치겠더라고.

Q _ 마을 사람들이 갖고 있는 목표는 무엇인가요?
A _ 마을 모토가 '진정 터 잡고 살고 싶은 곳, 길이 후손에게 물려주고 싶은 곳'

입니다. 마을 사람들이 이 목표를 위해 일해서 지금은 귀농가구가 많이 늘고 있는 편입니다. 청년들도 있는데 철도 종사자들이 사무실이 가까워 들어오는 편입니다. 우리 마을에 현재 120가구가 살고 있어요. 정부 지원도 많이 받아 지금까지 강원도 새농촌 지원금 5억 원, 녹색농촌 지원금 2억 원, 건강장수 지원금 1억5천만 원, 강원 관광개발 지원금 2억 원, 친환경 마을 지원금 5천만 원, 참 좋은마을 지원금 2천만 원 등을 받았어요.

Q _ 정말 많은 지원을 받으셨네요. 이건 아주 중요한 부분인데 새벽시장을 통해 농민들께서는 얼마 정도의 수입을 올리는지요?
A _ 1년 소득의 80%를 새벽시장을 통해 올립니다. 2009년에는 75억 원, 2010년에는 80억 원이 매출 목표였어요. 나도 3천만 원 벌었어요. 1년에 3~4천만 원씩 매출 올리는 사람이 많아요. 그냥 75억 원을 400명으로 나누어 보면 대략 1가구 당 2,000만 원이 조금 안 될 겁니다.

Q _ 대표님은 어떤 농사를 지으시는지요?
A _ 나는 복합 영농을 해요. 축산, 원예, 일반 농산물 등 다하지요. 주 수입은 체험관광객을 받는 것이기도 합니다. (웃음)

Q _ 홍보도 하시나요?
A _ 그럼요. 2009년에는 경기도 과천, 서울 청담역과 하계역, 상계역 그리고

석유공사 마당에 가서 마을 홍보를 했어요.

Q _ 현재 새벽시장에 참여하는 지역은 어떻게 구성되어 있나요?

A _ 총 13개 지역인데 대개는 읍과 면으로 이루어진 지역이에요. 원주시가 25
개 읍면동으로 되어 있는데 시내 복판 중앙에는 농업인구가 없으니 변두리 13
개 지역이 참여하고 있습니다.

Q _ 지역별로 각각 책임지는 분이 있으시겠어요.

A _ 지역별로 회장, 부회장, 총무가 있어요. 상거래 감시위원도 있고요.

Q _ 감시요?

A _ 자기가 생산한 물건만 팔도록 하는 것이지요.

Q _ 새벽시장이라 새벽에 여는데, 이른 아침부터 누가 사러 오는지 궁금해
요.(웃음)

A _ 원주 시민들이 주로 오고, 서울에서도 옵니다. 홍보를 엄청 하고 있거든
요.(웃음)

Q _ 이렇게 농사짓는 분들이 모이면 지역적으로 하나의 힘을 갖게 되실 것 같
아요. 그런 변화가 있지 않으신가요?

A _ 그럼요. 원주시장 출마하는 사람도 반드시 새벽시장에 나와 인사를 하곤 합니다. 농민들의 목소리가 반영되는 기회가 되거든요.

대표님과 이야기를 나누는 사이 원두막 옆 개울가에 있던 체험 관광객들이 대표님을 찾고 있었다. 대표님도 자꾸 눈길을 그곳으로 빼앗기고 계셨다. 더 이상 말씀을 듣기가 염치가 없어 서둘러 인터뷰를 마무리 지었다. 농민들이 주도하는 로컬 푸드 유통체계에 대한 생생한 목소리를 한껏 들을 수 있는 기회였다. 옥수수 맛은 정말 꿀맛이었다.

Morning Market in Wonju

The system that connects the producer and the consumer has always been a problem. It seems as though the distribution channel is working to hold us all behind. Even without any problems in production and consumption, an unstable marketing system can cause problems in the economy. Such difficulties can only worsen if the producer lacks the information to gain control. One prominent example of this is the case of farmers who need to market their harvest.

It is hard to find an example of an agrarian community that has taken charge of its own system of distribution. Although in the case of the industrial farms in the United States, the producer takes command of the entire market, the agrarian community in Korea has always been inferior to the distribution channel in power and strength. An attempt at overcoming the traditional difficulties of farmers has been successful in Wonju. This effort has materialized in the success of the Wonju Morning Market.

Every day in Wonju, there is a Morning Market operated by the farmers themselves. The stalls open up by the Wonju Stream between Wonju Bridge and Bongpyeong Bridge, and the market occupies an area of roughly $6250\,\text{m}^2$. It is not merely a cluster of some small vegetable stands. First opened in 1994, the market has steadily grown in size and in 2010, it boasted an average of 600 people a day and 240 thousand people a year with eight billion Won worth of transactions. This is a 7% increase from the 7.5 billion Won the previous year in 2009. In terms of numbers of visitors, there has been a 13% increase from the 220 thousand visitors in 2009.

In 2010, the market was open for around eight months from late April to December 10. From spring until the arrival of winter, the market was open every morning from four to nine. This year, in 2011, the Morning Market reopened on April 20. For 235 consecutive days, the market sold the harvest produced by the local Wonju membership farmers for low prices. For the first time this year, the market has established and is operating a special corner for environmentally friendly agricultural products in response to the consumers' growing preference for such produce. If the results are positive, the market has

Farmers selling their produce at Wonju Morning Market.

plans to expand in this area.

The Wonju Morning Market has grown to become a prominent local food distribution channel in Korea. It is a distribution system that is purely run by the farmers. The government has also recognized its potential and shown support by supplying 100 carts for the convenience of the visitors. The access of vehicles into the market has also been limited to solve the traffic problem.

In the summer of 2010, we visited the Morning Market to experience in person the phenomenon of this local distribution channel. We met the representative in charge of the operation of the Morning Market in Yongam 2-ri, a little past Wonju. It was a tranquil country village. In the little hut at the entrance of the village, we found a lady, who was busy selling corn so we approached her to ask the whereabouts of the head. She answered, "Oh, you mean my husband! He is busy giving a tour to the visitors of the village. Why don't you wait here for a little while?" So we sat down with a cob of corn each. The corn was the most succulent corn we had ever tasted. We began to understand why people were always talking about corn from Kangwon Province.

The head was busy even on a rainy day. He had no moment to spare as he guided the tourists around. After we had waited about half an hour, the head came towards us and took his cap off. After a brief exchange of introductions, we began to ask everything we had been curious about this venture.

Q _ How did the Morning Market first come to open?

A _ In the beginning, it was just six of us on the side of the road next to the Wonju Central Market. We accepted lower unit cost than the wholesale market. If they said something was ten thousand won, we only took eight thousand, and so on. The merchants soon started to object to our prices and there was a fight over this. The farmers were always busy just running away. We ran away for around three to four years. After that, we finally agreed that things couldn't remain the way they were, so we formed a small community and 30-40 of us gathered to create this project.

Q _ What was your role in this community?

A _ I was the committee head for a year in 1999 and from January 2010, I am the committee head again for the next two years.

Q _ So you finally settled the problem of the farmers in the Morning Market always running away?

A _ We did. We passed a municipal ordinance, obtained permission to occupy the ground next to the stream, and officially registered the temporary market.

Q ＿ The Morning Market became hugely popular after that?

A ＿ We held various interesting events. Events like sampling parties for delicious corn, potato, and peach. A little while ago, we invited Jang Dae Pyung, the minister of agriculture, via email and he willingly accepted the invite and came to visit.

Q ＿ It must be because the market is known nationwide.

A ＿ You are right. Just yesterday, the Daegu Daily News covered the market and the NHK broadcasting system in Japan also came to film for 3 days.

Q ＿ What other improvements did you implement?

A ＿ We introduced a system of fixed pricing and marking the exact source of production. In terms of pricing, we only determine a maximum price, without actually pre-determining the price.

Q ＿ It seems that things are changing rapidly.

A ＿ We've only made 50-60% of necessary changes.

Q ＿ What are the main items that are being sold in this way?

A ＿ We only sell fresh produce produced here in Wonju by local farmers. We do not sell any imported produce. You can call it local food, or food of the region.

Q _ How many members do you have?

A _ About 430. We had close to 740 ten years ago.

Q _ Why the decrease?

A _ It's because the old have passed away and the number of new farmers is not increasing quickly enough. Nonetheless the figure of 360 for 2009 shows a slight increase.

Q _ What are the requirements, if any, for becoming a member?

A _ There is a membership fee of 60,000 Won annually. We lost 25 members in 2009, and this number is explained by those who have passed away of old age.

Q _ What would you say are the strong points of the produce you sell here at the Morning Market?

A _ Wherever possible, we prohibit the use of chemical products. Instead, our produce is farmed with the help of freshwater snails and catfish. We do not use any herbicides in the fields, but cover them with rough non-woven fabric to prevent overgrowth of weeds. We farm produce that we would feel safe to consume ourselves, and sometimes the produce doesn't even look marketable.

Q _ Are there people who recognize your efforts?

A _ Most people only look for good-looking produce, produce that has been smothered in chemicals. Over 2-3 generations, such produce can lead to increased numbers of genetically deformed children, children born with 2 or 3 fingers. This is all our responsibility.

Q _ It must be tremendously difficult to farm without pesticides and herbicides.

A _ It is war with weeds. But I've come up with a couple of tricks. City people, people who work at desks, often like to come out and volunteer. I bring such volunteers to our village. Old people who live alone cannot farm without using chemicals, so I work hard to bring volunteer workers to such farms to cut down the weeds in their fields and rice paddies.

Q _ So bringing in volunteers is crucial to what you do.

A _ This is work that can be done through personal networks. I send them presents at New Year and the Lunar Festival, corn when there is corn harvest, and fresh spring vegetables in the spring. They appreciate our thoughtful gifts.

Q _ We didn't realize how hard it was to farm without chemicals.

A _ I've been the village head for now over 8 years, and my conscience doesn't allow me to permit use of harsh chemicals. I returned to farming in 1992. Before that, I worked in finance for about 20 years. I haven't used any chemicals ever since I returned to farm.

Q _ Do you do a lot of work for the village?

A _ I am in charge of selling all the local produce. My wife helps out too. I first took on the job of village head on December 15, 1999, and I have been re-elected 4 times.

Q _ What is the goal your village shares?

A _ Our motto is: A place where we really want to settle and pass on the land to posterity. We work for this end, and now there are more families who are returning to farm the land. There are even young people. There are people employed by the Rail Company who move here because it is close to their work. There are currently 120 families living in our village. We also receive a lot of government funding including 500 million won from the New Farm project of Kangwon Province.

Q _ What kind of farming are you involved in?

A _ I do a combination of raising cattle, horticulture, and regular vegetable farming. My main source of income is generated by the visitors who come to experience the farm life.

Q _ What kind of publicity do you do?

A _ I have travelled to Seoul, Gwacheon, Chungdam Station, Hagye

Station, Sangye Station, and the Petroleum Company to promote our village just in 2009.

Q _ How is the district that participates in the Morning Market organized?
A _ There are 13 sub-districts, mostly composed of existing local neighborhoods. The central areas of the village do not farm, and the outlying districts are actively involved in farming.

Q _ Are there district heads?
A _ There are local chiefs and deputies, There are also those who audit transactions.

Q _ Auditors?
A _ We oversee that people only sell what they have directly produced on their land.

Q _ The Market opens very early, who comes at these times to buy the produce?
A _ Mostly people who live in Wonju, but people come from Seoul as well. We are doing a lot of PR.

Q _ With so many local people coming together, you must have a lot of local support?

A ... Of course. Whoever wants to become mayor of Wonju must come out to our Morning Market to campaign. It's become an opportunity for farmers to make themselves heard.

While we were talking, visitors who had been waiting outside the hut by the stream came to look for him. The head increasingly turned to their direction and we felt that we couldn't take up any more of his precious time, so we rapidly concluded our interview. It was a great opportunity for us to listen to someone who was so central to the local food movement. The corn we ate was truly delicious.